Círculo Rojo

Relatos y bonitas historias

Relatos y bonitas historias

CARMEN LORETO GALLEGO BOTIJA

Círculo Rojo
EDITORIAL

Primera edición: enero 2024

Depósito legal: AL 3744-2023

ISBN: 978-84-1061-074-3

Impresión y producción: Editorial Círculo Rojo

© Del texto: Carmen Loreto Gallego Botija
© Maquetación y diseño: Equipo de Editorial Círculo Rojo

Editorial Círculo Rojo

www.editorialcirculorojo.com

info@editorialcirculorojo.com

Impreso en España - Printed in Spain

Amelia

Allí estaba: el Hombre Alto. Mis ojos solo llegaban a su cintura. ¡Miré hacia arriba! ¡Ahora sí! Ahora lo veía bien. Él me sonrió. Tenía una nariz grande y una gran boca. Pensé: «¡Es muy muy alto!».

De repente, me di cuenta de que estábamos en el bosquecillo que había cerca de casa. Mis padres no me dejaban ir a él. El Hombre Alto me tendió su mano. Yo me acordé de todo lo que se decía de él: que era raro, que suponía un peligro para todo el pueblo. Todos se apartaban del Hombre Alto.

Cogida de su mano, comenzamos a andar.

Hablábamos de nuestras vidas, nuestras ilusiones. No sé por qué, pero confiaba en él, me daba seguridad y ternura.

Los padres de Amelia la llamaron y, al ver que no contestaba, salieron al jardín a buscarla. Una vecina se acercó a ellos.

—¿Buscan a su hija? Estaba con el Hombre Alto. Sus padres se asustaron. —La anciana siguió hablando—: Qué horror, pobrecilla. Si eso ya se veía venir, creo que lo busca la policía. ¡Algo ha debido de hacer! ¡Deberían llamar a la comisaría inmediatamente! —vociferaba la mujer.

Este se puso inmediatamente al habla con ella.

—Sargento, no encuentro a mi hija. Me ha insinuado una vecina que estaba con el Hombre Alto y estoy preocupado.

Escuchó una voz tranquilizadora:

—No se preocupe, vamos para allá enseguida, dígame la dirección.

El padre de Amelia, Alberto, le dio esta y, al poco tiempo, llegaron a la casa dos coches patrulla.

Tres de los policías que habían llegado salieron a buscarla. El sargento se quedó con los padres. La madre de la niña le dijo a este que una vecina dijo que quizá se la habría llevado el Hombre Alto.

El policía les dijo:

—No se inquieten aún; sí, es cierto que ha habido muchas denuncias de abusos y lesiones a menores; aun así, nunca el Hombre Alto ha estado involucrado en ellas.

—Sí, pero… —dijo abatido el padre sin poder terminar la frase.

Los otros policías que habían llegado al bosque iban recorriéndolo palmo a palmo. Pero no había rastro de ellos.

Mientras tanto, Amelia y su reciente amigo seguían charlando. Él le contaba que, por culpa de la gente, sus padres no le dejaban salir. Ellos lo querían mucho a pesar de su desmedida altura; en ese momento, Amelia tropezó y, al caer al suelo, se hizo una brecha en la frente. Le salía abundante sangre. Asustada, comenzó a gritar. Él sacó su pañuelo y comenzó a limpiarle la herida. La niña no dejaba de chillar; al oír los lamentos, la policía los encontró y vieron la escena.

Dos de ellos sacaron sus armas y lo persiguieron.

—¡Alto! —gritó uno de los agentes.

El Hombre Alto siguió huyendo, pero una de las balas lo alcanzó.

El policía que se había quedado con la niña la tranquilizaba. Esta, entre sollozos, le contó lo ocurrido. Los que le habían disparado se acercaron al Hombre Alto.

Al llegar, exclamaron:

—¡Está muerto! ¿¡Qué hemos hecho!? —dijo uno de ellos, preocupado por lo ocurrido.

Los agentes llevaron a Amelia a su casa. Aún sangraba copiosamente. Al verla así, la vecina fue casa por casa, aporreando las puertas. Le decía a todo el mundo: «¡Ha violado a Amelia! ¡Ha intentado asesinarla!». Muchos fueron a la casa del Hombre Alto. Tanto niños como mayores lanzaban piedras a las ventanas, vociferando toda clase de insultos. El sargento, al ver el tumulto, los dispersó. Este contó a la muchedumbre lo acontecido: el Hombre Alto había sido abatido, pero no era culpable.

Todos se fueron en silencio.

Al día siguiente, fue el entierro; en él se hallaba todo el pueblo. Un grupo de chismosas decían:

—Qué pena, con lo bueno que era. ¡Morir tan joven! Creo que sus padres dicen que era un buen hijo. Se veían tan apenados…, pobrecillos.

Todo el pueblo comentaba lo sucedido y se deshacía en elogios hacia los padres y su hijo. Amelia, un poco alejada, lloraba en silencio.

Amor consentido

Hacía un sol espléndido. Carlos, mi marido desde hace tan solo un año, había muerto ayer. Hoy, a las 5, era su entierro. Todo estaba preparado. El féretro se encontraba en el pasillo central, detrás de las escaleras que subían al altar. Su familia y yo ocupábamos la primera fila. Poco a poco la iglesia se había llenado.

Llegando el momento, el párroco dijo unas palabras dedicadas al difunto. Fueron escuetas. Pensé: «¡Qué pocas personas lo tenían por un buen hombre!». Fuimos al cementerio. Cuando terminó el entierro y la lápida cubrió el cuerpo, la gente empezó a marcharse. Me quedé sola. Al girarme para salir, vi a Juan, el hombre que había sido todo para mí en la vida. Me cogió de la mano, no lo veía desde hacía mucho tiempo, fue mi novio de toda la vida.

Me dijo:

—Hola, Matilda.

Yo no le contesté, pero, unida a él, fuimos dando un paseo en silencio.

—No hay ya nadie —le dije repitiendo la frase.

—No importa, se respira paz. —Y me apretó fuertemente la mano contra él.

Llegamos a un recodo de la tapia que rodeaba el camposanto. Él me apretó contra su pecho. Me cogió por la cintura. Yo me puse nerviosa, vi su mirada y le rogué:

—Por favor, en este lugar no, acabo de enterrar a mi marido.

—Un marido que vivía hace seis meses ya con otra —susurró Juan.

No tuve fuerzas para negarle nada; pasado un tiempo me sorprendí, no tenía ningún remordimiento.

—Desde este momento, tú has dejado de sufrir, los dos seremos felices como nos merecemos.

Nos dimos la mano y muy juntos, despacio, muy despacio, salimos de aquel lugar donde tan solas se quedan las almas.

Atentado terrorista

Cosme saltó de la cama, ¡hacía frío! Se metió en la ducha. Le gustaba quedarse debajo de los finos, abundantes y minúsculos chorritos de agua caliente. Disfrutaba de este momento de una manera especial. El calor en la nuca y la cabeza bajándole por todo el cuerpo era lo más placentero del día. Se vestía siempre deprisa y sin dejar ni que un segundo se le escapara del tiempo que tan aceleradamente vivía su vida. Era policía de TEDAX, Unidad de Explosivos, dedicado a actuar e intervenir en las ocasiones necesarias para que los sofisticados artefactos incendiarios no causaran daños terroristas. Habían avisado de que un explosivo altamente potente lo harían estallar el día 8 de noviembre. Pensó: «Mañana». Coincidiría con la celebración del Día de la Almudena.

Se celebraría, como todos los años, en la Catedral Santa la Real María Virgen de la Almudena. En esa fiesta, con gran celebración de actos, habría muchos fieles y visitantes tanto en el interior como en el exterior del templo. Sería un caos sin precedentes.

Inmediatamente formaron dos grupos bien equipados para la ocasión y dieron órdenes superiores de que fueran los tres equipos, vestidos de paisanos, a investigar la zona y localizar lo antes posible los explosivos en el interior de la catedral. Deberían vigilar sin llamar la atención las calles cercanas al templo pocos agentes, pero sí muy expertos en actuar ante estos casos.

Faltaban ocho horas para encontrar el detonador de la catástrofe y avisar a los demás agentes preparados para su desactivación.

Transcurrieron tres horas sin que se hubiera hallado nada en el templo.

Cuatro policías estaban vigilantes en las calles por si veían algo sospechoso. Cosme y su compañera Nela paseaban por la calle Mayor, frente a la muralla de la catedral, donde se hallaba la cripta.

Otra pareja lo hacía un poco más distanciada. Les habían comunicado a todos, por los pequeños aparatos especiales para estar siempre en contacto, que otros policías se encontraban registrando ya dentro de esta. Cosme tenía un gran sentido de la intuición; le dijo a su compañera:

—No hay que levantar la más mínima sospecha; si no, otro terrorista, también vigilante, va a dar aviso a los demás, y estos harán estallar los explosivos por control remoto.

Sería una masacre para las personas que se hallaban dentro y fuera del templo, así como el derrumbamiento de este.

La mencionada intuición de Cosme se estaba cumpliendo.

—Fíjate en las personas tanto turistas como los transeúntes normales que andan por los alrededores y las que entran y salen de los comercios, se alejan andando y no se las vuelve a ver. Solo esos dos tipos delgados se mezclan entre sí, pero vuelven a aparecer.

En este instante, los dos equipos oyeron alto y claro:

—Hallado el artefacto explosivo dentro de la cripta, no es usual, es complicado y potente —habló una voz llena de alegría.

—Avisad a los tres equipos para intervenir y desactivarlo de inmediato. Encontrad a los sospechosos antes de que se percaten y avisen a los otros terroristas —dijo otro policía con voz apresurada.

Los dos agentes que parecían ocupados viendo escaparates distinguieron entre la gente a los dos sospechosos y fueron rápido hacia ellos.

—¡Rápido! ¡Rápido! ¡Ayuda! —se oyó otra voz muy alterada.

—Un cura sospechoso que parece de edad avanzada se levanta de un banco e intenta hablar con alguien —dijo otro policía muy nervioso.

Los cuatro que aún quedaban en la catedral se abalanzaron sobre este y lo derribaron; solo les dio tiempo a quitarle el móvil. Con gran agilidad, salió de allí corriendo. Las otras dos parejas de policías que ya habían detenido por sorpresa a los sospechosos, con gran eficacia, los dejaron esposados dentro de un negocio preparado ya de antemano. Estos salieron también detrás del cura junto con sus compañeros. Era un gran atleta, pero los agentes del NRBI estaban bien dotados para estas ocasiones; al cuarto de hora ya lo habían alcanzado. Dos de ellos se abalanzaron y lo tiraron al suelo. Este, como anteriormente, se levantó con agilidad y empezó a dar puñetazos con los cuatro perseguidores, siguiendo peleándose por las calles adyacentes. Los transeúntes creyeron que varios malhechores agredían a un pobre cura y se abalanzaron sobre ellos. Nela no se quedaba atrás, parecía tener la fuerza de dos hombres. Ante esas personas echándosele encima al pobre cura, todo valía para defenderlo: puñetazos, patadas en sus ciertas partes, bocados. Ya los policías no podían con todos. Los más jóvenes propinaban fuertes puñetazos; los más débiles, incluso casi ancianas, a puntapiés y bastonazos. La gente ya no sabía quiénes eran los defensores del clero o los maleantes.

Así transcurrió un poco de tiempo, hasta que, al fin, la policía, con camionetas, coches patrullas y metralletas en mano, puso orden y los maltrechos agentes pudieron apresar al terrorista. Los ajenos a este embrollo estaban asombrados.

Después de esto nadie se movía: narices rotas, ojos morados, orejas a punto de ser cortadas por los que portaban navajas; en fin, todo un espectáculo…

Mientras esto había estado sucediendo, los TEDAX, equipados con sus sofisticados equipos, habían estado estudiando el artefacto explosivo de gran potencia, al no ser este demasiado conocido, con sumo cuidado, precaución y mucho miedo. Al cabo de 30 minutos, al final, dieron con los cables y demás trozos de hierros que lo componían. En pocos segundos, que parecieron eternos, quedó desactivado. La fiesta se celebraría al día siguiente.

Cuento navideño

Un precioso cervatillo me miraba fijamente a los ojos, lo podía ver a través del enorme ventanal de mi dormitorio. Aún estaba somnolienta; me costaba abrir los párpados. Los copos de nieve caían abundantemente sobre la hierba que rodeaba la casa. Quise llamar a mamá, pero algo me lo impidió; supongo que fue la gran curiosidad que sentí por aquel animalillo de frágil aspecto que tenía ante mí. Corrí descalza hacia la ventana; allí estaba, posando sus tiernos ojos en los míos.

Me vestí rápidamente sin que nadie me viera y salí. Para mi sorpresa, cuando alargué mi pequeña mano sobre su cabeza, este no se movió; ni siquiera su mirada tuvo la más mínima perturbación, esta seguía fija en la mía. La nieve casi cubría nuestros pequeños cuerpos. Sentí frío, solo llevaba un camisón de franela. Mi abuelita me lo había echado de Reyes el año pasado. Era de color rosa, con pequeños corazones en blanco; sus ajustados puños no dejaban pasar el viento, estaban rodeados de una fina puntilla hecha por ella, muy calada, en cuyos bordes se dibujaban diminutos y graciosos piquillos, al igual que la parte inferior de la larga falda; a través de ella se sentía un frío helador. Me resguardé con el cervatillo dentro de una pequeña estancia al lado de la casa que servía para guardar herramientas de papá y algún que otro trasto inservible. Enchufé una pequeña estufa eléctrica y sacudí la nieve de mi nuevo amiguito y la mía. Él se tumbó recibiendo su calor. Lo acaricié suavemente y me fui a casa apresuradamente; si mamá se levantaba, se preocuparía al no encontrarme.

En ese momento, papá trataba de entrar una gran rama de pino arrancada del bosquecillo cercano; pasé por el hueco que había entre ambos y mi presencia pasó desapercibida. Mamá ya había preparado el desayuno: bollos calientes, mantecados, tortas de manteca y pastas de pico. Con todos estos manjares y una esmerada mesa puesta con todo el cariño, no se me podía olvidar: ¡era Nochebuena!

—Vamos, pequeña, vístete y ven a desayunar —dijo mi madre.

Mis tres hermanos hicieron sonar sus cucharillas simultáneamente en plan de protesta. Cuando me presenté a la mesa, todos estaban ya desayunando con sus grandes tazones de color azul añil. Tres grandes fuentes blancas decoradas con pequeñas flores amarillas y verdes con los bordes ondulados estaban repletas de los antes mencionados dulces. Al terminar el almuerzo, papá colocó el árbol de Navidad en el rincón más espacioso del salón, pero allí se quedaría sin adornar hasta que llegaran los abuelitos. Todas las fiestas de Navidad las pasaban con nosotros. Al terminar, até unos cuantos bollos en una servilleta y corrí hacia la pequeña estancia donde había dejado a mi reciente amiguito. Al entrar, un cálido ambiente me envolvió. El cervatillo posó sus tiernos ojos en los míos y presentí algo extraño. Le di con mi propia mano la comida que llevaba; sacó su sonrosada lengüecilla y comió todo, hasta las más pequeñas miguitas. Lo volví a acariciar y me marché a casa, no sin antes prometerle que vendría a verlo a la mañana siguiente.

Papá había ido a por el abuelito. Su mamá ya hacía dos Navidades que no se encontraba con nosotros. Había muerto de una neumonía al no tener defensas para hacerle frente.

Al mediodía llegaron todos. Abrazos, besos, dulces frases, algunas lagrimitas y mucho cariño, sobre todo mucho cariño.

Cuando terminamos la liviana comida de mediodía, se pusieron a adornar el árbol: bolas de colores, cintas doradas. Papá y yo dimos vida al belén; era con lo que más disfrutaba: ir colocando todas aquellas figuritas, haciendo los ríos con la plantilla que íbamos guardando durante todo el año, robadas a las chocolatinas y demás dulces envueltos en ellas.

Cuando todo estuvo listo, parecía realmente una estampa sacada de un cuento navideño. Las luces del gran belén, sus casas, el portal con el nacimiento, los hombrecillos con sus animalillos...; hasta el río parecía llevar agua. Los Reyes Magos montados en sus camellos y la casa de Herodes y sus soldados custodiándolo, con cascos romanos, faldas de tiras de cuero con grandes remaches de hierro y grandes lanzas, muy quietos y derechos. Me parecía todo tan real. El árbol también me llamaba la atención. Mis amigas no adornaban ninguno en sus casas y venían a verlo expresamente.

Mamá nos llamó con un «todos a la mesa» y entre risas corrimos a ella; en el centro estaba, como todos los años, una gran sopera blanca conteniendo la sabrosa y tradicional leche de almendras. Más tarde, sacarían los dos grandes besugos con doradas patatas bañadas en el jugo exquisito del bien cocinado pescado y, por último, los esperados turrones y mazapanes.

Una vez acabada la alegre escena, nos preparamos para ir a la misa del gallo como en años anteriores.

—Niños, por favor, abrigaos bien, hace una noche heladora —dijo mamá—. Ana, ponle la bufanda y los guantes a tu hermana.

Todos salimos riendo y jugando detrás de los mayores. Al abrir la puerta, vimos un gran resplandor a lo lejos y nos quedamos silenciosos mirándolo. Era blanco, de una blancura radiante.

Saliendo de los matorrales, un gran ciervo con una descomunal cornamenta fue hacia nosotros. Nos quedamos quietos, sin saber qué hacer; solo mi hermana pequeña tuvo el valor de acercarse a él y tocar sus grandes y tupidos cuernos. Luego vi llegar a mi joven amigo. Este, con sumo cuidado, la empujó hacia el bosque; los tres se adentraron en él. Fuimos tras ellos sin decir una sola palabra. Anduvimos por una estrecha senda que conducía hacia un blanquecino resplandor. Detrás de una pequeña montaña se encontraba un claro. Nuestros rostros enmudecieron. Una gran emoción nos embargó. Un niño yacía en lo que parecía una cuna hecha con grandes ramas verdes. Su diminuto cuerpecillo estaba cubierto por una abrigada manta. Solo se le podía ver la carita, una carita muy rosada, con ojos azules, tan bondadosos que a todos nos recordó a un pequeño ángel. A un lado estaba una joven doncella. Supimos que era su madre. Tenía un hermoso y dulce rostro. Un poco más alejado, había un hombre más maduro; recogía ramas secas para avivar el fuego que estaba junto al niño. Los dos ciervos se aproximaron y con su respiración comenzaron a dar calor al niño chiquito. Su madre los miró y les sonrió. El resplandor que habíamos visto de lejos se encontraba allí, lleno de una luz especial.

No sentíamos el frío. Estábamos absortos contemplando la escena. Casi al instante, entre los espesos matorrales cercanos, de una senda casi invisible a los ojos humanos, salieron tres hombres de aspecto grande y solemne. Iban vestidos con elegantes trajes y unas capas que me recordaban las que llevaba en las fotos mi abuelo cuando era joven. Sin mediar palabra, se acercaron al niño y a sus pies depositaron tres elegantes cajas. El cielo resplandeció aún más y una estrella fugaz cruzó en ese instante el firmamento. Mi mamá fue la que primero se acercó y habló unas palabras con la señora de dulce rostro. Acto seguido, mandó a todos los niños, incluidos abuelos y papá, a traer los dulces que había preparado con tanto cariño para el día siguiente. La obedecimos y, al poco tiempo, todos depositamos en cestas lo que habíamos traído de la casa. Sin saber cómo, nos arrodillamos y comenzamos a rezar. Mi hermana mayor, Amelia, cantó unos villancicos. Así estuvimos un largo rato. Todo tenía un tinte sobrenatural. A papá, mamá y los abuelitos les contaron que ella se llamaba María y él José, y al niño, su hijo, lo iban a bautizar cuando llegaran al próximo pueblo; le pondrían por nombre Jesús. Habían parado en aquel claro del bosque porque María estaba muy cansada y el niño inquieto. Nos agradecieron con gran cariño nuestra ayuda. Papá les ofreció nuestra casa para pasar la noche e incluso unos días, pero ellos insistieron en proseguir su camino. Cuando los tres hombres con largas capas se despidieron, lo hicieron con gran respeto y reverencia. «¿De dónde habrán salido?», pensé un poco extrañada. Una vez repuestas sus fuerzas, los ayudamos a partir. El niño iba tan abrigado que solo le asomaba su diminuta naricilla. Le dimos el último beso y partieron.

Todos regresamos a casa acompañados por el ciervo y el cervatillo. Al llegar, volvimos a mirar hacia el bosque. El resplandor había desaparecido dejando paso a una noche estrellada. Aún llegaríamos a la misa del gallo. Todos fuimos a paso ligero.

Al entrar en la iglesia, nos sentamos en los bancos delanteros. Al mirar el belén que ese año, como todos, habían puesto, sorprendidos, nos fijamos: María tenía el mismo vestido azul de la señora del bosque. Su cara…, sus rasgos…, su hermosura…, la dulzura de su rostro… Hasta san José tenía la misma figura, y las facciones de su cara eran tan parecidas… ¡Estaba inclinado recogiendo también sarmientos! No dijimos nada. Todos callamos. Esa noche oímos la misa con más devoción. Cantamos y rezamos como nunca hasta entonces lo habíamos hecho. Y todos nosotros elevamos nuestras plegarias y peticiones. ¡Había tanto que pedir! Yo pedí que todas las guerras terminaran en la tierra. Cuando llegamos de nuevo a casa, papá nos reunió a todos alrededor de la gran mesa y nos dijo que Dios había escuchado sus plegarias y la de tantos hombres buenos en la tierra. ¡Había una gran esperanza! El Creador nos había mandado otra vez a su hijo para ayudar a la humanidad. Yo no comprendí entonces muy bien sus palabras. Ahora, al pasar unos años, las comprendo, y espero con esperanza que poco a poco se acabe la maldad en el mundo. Dios no nos ha olvidado. Nos había enviado de nuevo a su hijo y toda mi familia y yo lo habíamos presenciado.

El mendigo

Juan miró a su alrededor; estaba en el gran jardín de los hermanos agustinos, conocidos en la región por los hermanos de los pobres, situado en la sierra de Granada. Era muy extenso, tenía alguna que otra ladera. Pensó: «Sí, con un buen caballo podría pasear por ellas». A su derecha vio grandes llanuras verdes con algún que otro árbol. «Efectivamente, sí. Si tuviera uno…».

Se recostó en la pared de un gran edificio que había dentro, el Monasterio de la Rosa, dedicado a albergar a toda clase de mendigos y gente necesitada.

Él pedía en la calle de las teterías y no hacía mala recaudación, pero, un día, un mal catarro le derivó en una pulmonía, así que los Servicios Sociales lo llevaron al monasterio. Dejó sus pocas pertenencias al cuidado de otro mendigo amigo suyo, sumamente delgado y con un parche tapándole un ojo: Cirilo. Aquí en el monasterio había padres que eran médicos y lo curarían. Al menos, por unos días, dormiría bajo techado y con sábanas blancas y limpias.

Había estado muy malito y durante varios días se debatió entre la vida y la muerte, pero, al final, venció a esta. Se había ido recuperando poco a poco.

Todos los que se habían preocupado por él lo habían tratado con sumo cariño. Él les estaba muy agradecido; pasado un poco de tiempo ya había recuperado las fuerzas y lo sacaron a respirar el aire del famoso jardín. Allí, estando recostado en una pared, se dio cuenta de lo preciosa que es la libertad. Añoraba su calle, donde pedía su limosna. Ya estaba dispuesto para irse.

En el sitio donde lo habían sentado, medio acurrucado, vio acercarse a un caballo blanco con alas, robusto cuello, grandes ojos negros y una larga y poblada cola. Parecía sacado de un cuento de hadas. Se acercó al mendigo y, sacando su rasposa lengua, acarició su mano. Juan se incorporó un poco y tocó con suavidad la parte de la boca donde se le ponía el freno para dirigirlo. Enseguida se hicieron amigos. Miró a su derecha y allí, en el suelo, estaba: un bocado, las riendas y una silla de montar. Le pidió ayuda a un mozo de cuadra.

Enseguida estuvo listo para montarlo; no sabía cómo lo haría, pero pensó: «De todas maneras, lo haré bien». Sin embargo, algo le había pasado; se sintió con fuerza y agilidad para ello.

Pareciéndole imposible, dio un gran salto, se subió a él y salió volando de allí. En un segundo lo hacía por encima del monasterio y dirigiéndose a las altas colinas, saltó, incluso, la pared que rodeaba a estas y las grandes llanuras que formaban el gran jardín. Voló… y voló… y fue hacia Granada; una vez en ella, vio sus edificios y sus calles. Allí abajo estaba la suya. Pudo distinguir, no sin gran esfuerzo, a sus amigos pidiendo la limosna del día. Vio a Cirilo y también a Eduardo con su inseparable muleta.

De repente, sintió un poco de vértigo y decidió volver al monasterio. Al cabo de poco tiempo, ya estaba sobrevolándolo. Con mucho cuidado, fue descendiendo al lado de la clínica. El caballito, a quien le había puesto el nombre de Tuno, lo dejó suavemente donde antes se hallaba. Este con un relincho se despidió de él y se marchó volando.

—Juan, Juan —dijo uno de los monjes que lo había cuidado—, ya hace fresco, vas a recaer.

Él abrió los ojos y dijo:

—Padre Damián, ha sido como un sueño, pero real, muy real… —susurró con alegría.

El albergue

Sandra y Julián, pareja desde hacía seis meses, se iban de excursión este mismo día a los Picos de Europa.

El apartamento estaba revuelto, ropas tiradas en camas y sofás esperaban ser metidas en dos maletas.

—No sé para qué tanta ropa, solo vamos a pasar unos días, 10 para ser exactos, y en realidad solo necesitamos trajes de abrigo —le dijo Julián a Sandra un poco serio.

Cogió delicadamente entre dos dedos un camisón negro de tirantes con encaje y un gran escote, y le dijo a esta:

—¿Con esto piensas combatir el frío en el refugio de las altas montañas?

Sandra rio a carcajadas y se abalanzó sobre él cayendo los dos en la cama. Se revolcaron y, entre abrazos y besos, Sandra respondió:

—¿Y qué harías tú sin tu ropa favorita de las largas noches de amor? —dijo sonriendo y besuqueándolo en la cara.

Julián, simplemente, le contestó:

—Mi amor…

A la hora todo estaba en orden: las maletas llenas y dos mochilas en las espaldas.

Se miraron y bajaron los plomos. Todo quedó a oscuras; fueron apresuradamente al garaje, subieron al coche y emprendieron su viaje tan deseado.

Tardaron tres horas en llegar al refugio que habían reservado. Los sorprendió gratamente. Era para cinco personas, bonito y muy acogedor. Una gran chimenea se encontraba en un rincón del salón rodeada de cómodos sillones. La leña ardía en esta produciendo diversos colores de llamas: rojas, azules y naranjas, dando chispazos de vez en cuando. A Sandra le pareció un sitio mágico.

Los otros tres huéspedes, todos chicos, de unos 28 o 30 años, se levantaron y los saludaron con un fuerte apretón de manos.

—Este es Juan y este otro que parece un leñador se llama Pedro, y yo me llamo Salomón, soy el más normal. —Sonrieron los tres.

—¡Sandra y Julián! ¡Encantados! —dijeron estos contestando al saludo—. Somos pareja y, si nos disculpáis, ahora nos vamos a la habitación, estamos muy cansados del viaje —dijo Sara con una amplia sonrisa.

Una empleada del refugio se acercó antes de que se deshiciese el grupo y les dijo:

—Los desayunos son de 8:30 a 10:30, las comidas de 13:30 a 15:30 y las cenas de 19:30 a 21:30. Se les puede preparar un pícnic si desean comer fuera. Espero que los 10 días que pasen aquí se les hagan muy agradables. Si desean algo, me lo dicen a mí o a una de las dos personas que nos ocupamos de la casa rural. Gracias.

Era una mujer delgada, de unos 45 años, de cara afable, al igual que su otra compañera y el señor que los atendería personalmente.

Ya habían pasado cinco días, estaban tan contentos... Querían recorrer toda la naturaleza de los Picos de Europa que les fuera posible, que en estos sobresalía por su hermosa y peculiar belleza. Se llevaban un pícnic y pasaban gran parte del día escalando y andando por peligrosas laderas. Por la tarde regresaban al refugio con frío y un gran cansancio.

Después de un pequeño refrigerio iban a sus habitaciones a reponer fuerzas y charlar largamente de los lugares que habían visitado: picos espectaculares y paisajes maravillosos, algunos con restos de nieve.

—Julián, ¿no crees que es lo más bonito que hemos visto hasta ahora juntos? Esos desfiladeros tan peligrosos… y esas escaladas que dan escalofríos —dijo Sandra con mucha emoción.

—Sí, hemos hecho bien en venir —sonrió Julián echándose con ella en la cama—. Tenemos dos horas aún antes de cenar —dijo atrayéndola hacia él.

—Vamos, vamos…, estoy cansadísima —le contestó Sandra con voz lastimera; al poco cedió y se abrazaron.

Al día siguiente iban a Cabrales, esta vez se les unirían los tres jóvenes del hotel. Les habían dicho que algunas veces, aunque poco frecuente, habían atacado osos a algunos turistas, así que llevaron consigo un rifle y tres grandes cuchillos de caza.

Al día siguiente emprendieron su viaje. Iban alegres y felices, tanto que no vieron como el cielo se encapotaba rápidamente. Cuando habían llegado ya casi a la cima de la montaña, el aire era fortísimo y empezaron los truenos a sonar con gran estruendo.

Todos se agruparon sobresaltados. Instintivamente, sus ojos buscaron un refugio para guarecerse. Unos metros más adelante vieron la entrada de una cueva; llegaron a ella y entraron; era muy alargada, la luz no parecía penetrar al final de esta y, aunque iban con ropa de abrigo, no dejaron de sentir un extraño escalofrío que les recorrió el cuerpo. Allí habían acampado antes otras personas, se veían trozos de troncos preparados para hacer una fogata y varias cajas de fósforos. Al encenderla y sentarse junto a ella, se sintieron mejor.

No tenían mantas para taparse y sintieron frío. Se echaron en círculo para aprovechar mejor el fuego y, a pesar de su nerviosismo, todos quedaron dormidos.

Al rato, Sandra, sin querer, rozó la mano de Juan, uno de los chicos, y una ráfaga eléctrica los sacudió. Enseguida la retiró, pero sus ojos se encontraron con los de él, eran profundos y muy negros. La miraba de una manera especial. Él volvió a tocar su mano y el chispazo volvió a producirse. Unieron sus manos y por un instante no existió nada más que ellos dos, y así se quedaron dormidos.

Al amanecer, un rayo serpenteó en el cielo, seguido de un gran trueno fuera de la cueva. Juan y Sandra seguían con las manos unidas.

—Chicos, menuda tormenta —dijo Jorge.

—Sandra, ¿estás bien? —le preguntó Julián asustado.

—Claro que sí, ha sido precioso, y el trueno espectacular —dijo Sandra con entusiasmo.

La claridad iluminó casi toda la cueva.

—¿Y si nos asomamos un poco fuera? —dijo Pedro, el más joven.

—Pues… nos pondríamos empapados y cogeríamos una pulmonía —dijo Sandra un poco nerviosa.

Todos quedaron en silencio; al principio, no se dieron cuenta de que al final de la cueva se veía un poco de luz; al verla, todos se abalanzaron hacia dicha claridad. Había una especie de visera con una gran abertura y, al asomarse, nadie se mojó. A sus pies se veía una gran llanura, toda verde, en declive; era como un cuadro pintado.

Esperaron 15 minutos sentados al borde de la cornisa asombrados por el paisaje.

—¿Y si bajamos a esta llanura? La tormenta se ha alejado y aquí casi no ha llovido —propuso Juan.

Todos estuvieron de acuerdo. De repente, Juan agarró fuertemente a Sandra por la cintura para descender. Julián lo vio y se molestó, pero enseguida lo consideró una forma de atención para que no resbalara; Sandra, sin embargo, le quedó sumamente agradecida, se sentía muy segura en sus brazos.

Al llegar al final de la ladera, no había ningún camino para regresar al refugio y la cuesta hacia arriba de la cueva se hacía casi imposible de subir.

—¡Estamos perdidos! —dijo Salomón—. ¿Ahora qué hacemos?

Todos callaron.

—Allí hay un riachuelo, por lo menos tenemos agua —dijo con esperanza Sandra.

Anduvieron un buen rato, tenían hambre y cansancio.

—Espero que nos estén buscando… Al notar que no volvemos, seguro que la policía estará buscándonos.

—Dios te oiga, Pedro —dijo Sandra.

Salomón y Julián habían tenido la precaución de coger los fósforos hallados en la cueva.

—Juan, tú y Pedro, id a buscar ramas lo más secas posible para encender un fuego —dijo Julián.

—Yo los acompaño —dijo Sandra.

Los tres se fueron en dirección a un bosquecillo que había cerca. Pedro se adelantó un poco y Juan se acercó a Sandra, la cogió entre sus brazos y la besó fuertemente con dulzura. Ella se quedó parada sin reaccionar, pero, al instante, le respondió apasionadamente; ya no podían parar y rodaron por la húmeda hierba.

Al poco tiempo, oyeron el ruido de dos helicópteros sobrevolándolos. Todos comenzaron a dar gritos de alegría alzando los brazos.

En ese momento, escucharon el ruido producido por un oso de gran tamaño yendo hacia ellos. Sandra, Salomón y Juan corrieron cuanto pudieron hacia donde se hallaban sus compañeros, que se habían llevado las armas al bajar la ladera; estas se encontraban junto a la hoguera. Al llegar a ellas, Juan cogió el fusil y, cuando el oso ya casi esta encima de él, le disparó con este a bocajarro, pero el oso lo alcanzó y, aunque moribundo, con sus grandes zarpas lo cogió del cuello, el brazo y la espalda, tirándolo por los aires; aprovechando este momento los demás para atacarlo por la espalda con los cuchillos de caza. El gran oso se revolvió contra Julián y Pedro. Salomón y Sara, al atacar el oso a estos dos, que casi salieron ilesos gracias a que el animal se encontraba ya muy débil, lo acuchillaron por la espalda; aun así, este se revolvió contra ellos.

Los helicópteros no podían disparar al oso por lo cercanos que estaban unos de otros; la situación se volvió peligrosa y muy delicada.

AI cabo de unos interminables segundos por el disparo del fusil y las profundas cuchilladas recibidas, este quedó tendido e inmóvil en el suelo: el peligro había pasado.

Los helicópteros comenzaron a descender y se ocuparon de los heridos.

Julián corrió al lado de Sandra para darle un gran abrazo, pero este fue recibido con tibieza. Sandra, al ver tendido e inmóvil a Juan, se abalanzó hacia él cogiéndole entre sus brazos. El equipo de salvamento había llegado ya en su ayuda. Enseguida la retiraron de su lado y subieron al herido al helicóptero.

—¿Puedo subir con él? —les suplicó Sara.

—¡Está bien! Suba rápido, necesita ayuda urgente.

Julián, que había salido indemne de su encuentro con el gran oso, no entendía lo que estaban viendo sus ojos, no lo podía creer. ¡Sara besando a Juan! Y acompañándolo en el helicóptero sin una sola palabra de despedida.

A todos los demás los subieron al otro y los llevaron al mismo hospital.

Juan estaba grave, las heridas sufridas casi cuerpo a cuerpo con el oso tardarían en sanar. Sandra no se separaba de él. Esta creyó que había llegado el momento de darle a Julián una explicación. Se acercó a la habitación donde estaba este y le dijo:

—Julián, lo siento, todo sucedió de improviso, ninguno de los dos hubiéramos deseado enamorarnos. Fue un acto reflejo e inconsciente, pero sucedió.

A Julián se le humedecieron los ojos.

—No te preocupes, yo sabía que algo así tendría que pasar, no teníamos la química suficiente. Yo me consideraré siempre tu mejor amigo —le dijo con una gran tristeza.

Sara lo besó en la cara y lo acarició como se le hace a un niño pequeño.

Habían pasado ya dos años. Sandra y Juan se habían casado y eran sumamente felices. Seguían teniendo algún breve contacto por teléfono con sus compañeros de aventuras.

Ese día, se reunían en el segundo aniversario del viaje a los Picos de Europa para recordar tiempos pasados; lo hacían en casa de Sandra y Juan. Al llegar, hubo brazos, besos por todas partes y mucha mucha alegría. El grupo había aumentado. Salomón llevó a su mujer, una escultural morena. Julián les presentó a su prometida, Mónica, una rubia muy agraciada y simpática. Pedro llegó solo, aún no tenía pareja. Sandra les presentó a su hija sacándola de la cuna, una niña muy bonita, y, subiéndola para arriba, les dijo:

—Esta es Julia, en honor de Julián, nuestra primogénita.

Se la comían a besos.

El barco

Yo tenía diecisiete años. Mi tío Javier era el dueño de una empresa de hidrocarburos. Esta daba bastantes beneficios, o sea, podía permitirse caprichos que en mi familia no podíamos darnos. El año anterior, él se compró un barco que era la admiración de todos mis hermanos y primos. Desde el momento que hicimos su bautizo, lo disfrutábamos todos los fines de semana. Íbamos muy temprano al embarcadero, llevando con nosotros comida y bebidas para todos los dos días de navegación. En una de estas travesías al mar, transcurridas dos horas, llenas, como de costumbre, de risas, chapuzones y juegos, el cielo empezó a encapotarse. Este estaba cada vez más negro. Las olas se hacían demasiado grandes. Mi tío Javier se puso cada vez más tenso; su mirada y su rostro me empezaron a preocupar.

—¡Tío, estoy asustada! —le dije un poco nerviosa—. ¿Por qué no das la vuelta y volvemos al puerto?

—¡Creo que sí! ¡Tienes razón! ¡Enseguida llegaremos!

El timón giró rápidamente a la derecha, pensé que enseguida llegaríamos a casa.

Mi tío miró al cielo. Las nubes eran cada vez más negras. Unas gruesas gotas de agua cayeron sobre nosotros. Los demás jóvenes miraron las grandes olas y comenzaron a gritar. Estas habían alcanzado un gran tamaño y hacían un ruido ensordecedor. La lluvia era cada vez más intensa

—¡¡Agarraos fuerte!! ¡¡Bajad al camarote!!

—¿Puedo yo quedarme contigo? ¡A lo mejor me necesitas! —le dije casi temblando.

—¡¡Está bien!! ¡¡Llama a la Guardia Costera!!

Enseguida me di cuenta de que la situación era peligrosa. Hubo un momento en que el barco se iba de un lado a otro, cada vez con más fuerza. La lluvia intensa y los grandes truenos nos asustaban y eran cada vez más fuertes.

Así transcurrió casi una hora, no se veía nada, ningún barco, ninguna señal… Después de tanto miedo y tanto rezo por parte de todos, empezó a verse un claro entre las nubes tan negras. El aire fue calmándose poco a poco. El barco dejó de tambalearse. Los truenos se oyeron cada vez más lejanos. La tempestad había pasado, solo habían transcurrido tres terribles horas. Todos iban saliendo del camarote, el baño quedó inundado de vómitos… Mi tío Javier suspiró profundamente y dijo:

—Bueno, el peligro ya ha pasado, solo se ha quedado en un buen susto.

El chalé

Marieta y Paco acababan de regresar de luna de miel después de un viaje idílico por las islas griegas. Buscaban casa. Su madre, María, les había hablado de un chalé en Sanchinarro. Ese domingo habían preparado una visita con el vendedor. Cuando llegaron a la casa, se quedaron extasiados. Todo alrededor suyo era verde, preciosos árboles, matorrales llenos de flores , incluso una ladera con césped que bajaba hasta la otra calle. ¡La casa de sus sueños! Se miraron, todo era perfecto.

—¡Paco! ¡Es lo que siempre habíamos querido! —le dijo su mujer mirando asombrada el paisaje.

—¡Es verdad! —contestó este ojeando todo con cara de bobalicón.

—Y ahora la verán por dentro. Es un sueño, como diría mi mujer —dijo Alberto, el vendedor, con voz muy pero muy persuasiva—. Fíjense en la entrada, es inmensa y muy señorial. Estas tres puertas dan a la cocina, salón comedor y 2 baños; por esta amplia escalera se sube a las 5 habitaciones, con otros 2 baños, una amplia terraza y un pequeño saloncito con televisión. ¿Qué opinan? No encontrarán otra igual.

—Nos parece maravillosa. ¿Verdad, Paco? ¡La casa de nuestra vida! Pero a lo mejor se nos sale de nuestro presupuesto —dijo Marieta un poco triste.

—¡Qué va! Está a muy buen precio; además, la dueña tiene predilección por las parejas de recién casados, seguro que ella la dejará barata.

A la mañana siguiente, el vendedor los llamó y les dijo una suma no demasiado alta, la casa valía más. El matrimonio se quedó un poco triste; lo llamaron inmediatamente.

—Alberto, soy la persona interesada en el chalé de Sanchinarro. No sabes cuánto lo sentimos, pero me temo que no podemos optar a él, supera mucho nuestro poder adquisitivo.

—¿De cuánto estamos hablando? —respondió nervioso al vendedor—. Deberían hacer un esfuerzo, pierden una ocasión única. Hay otra pareja interesada, es una pena.

—Sí, pero no llegamos por 103 500 € —dijo Paco con un halo de tristeza en la voz.

—Bueno, a su favor está que la dueña los prefiere a ustedes. Le he hablado mucho de su mujer y de lo contenta que está con la casa. ¿Cuánto es lo máximo que podrían ofrecer? —dijo forzando la venta.

—Pues no sé… Si vendiéramos la casa de la playa, diéramos todos nuestros ahorros junto con los de mi madre, quizás podríamos llegar al precio fijado —dijo Paco nervioso.

—Sí…, sí… —se oyó al otro lado del teléfono; era la voz de Marieta.

Los dos querían la compra de esa casa aunque les costara un gran esfuerzo.

—Bien, entonces nos ponemos en contacto dentro de unos 20 días, a ver si tienen solucionado todo; pero no dejen escapar esta oportunidad ni se demoren mucho, podrían perderla.

Desde ese momento, el matrimonio se puso a buscar los fondos. Malvendieron la casa de la playa y hablaron con su madre.

—¿Estáis seguros? ¿Es una buena compra? ¿Merece la pena hacer todos estos esfuerzos? —dijo la madre de Paco.

—Sí, mamá, ya verás cuando la veas, no tiene nada que ver con la que nos íbamos a comprar; con el dinero que dábamos por ella y lo que juntemos, habremos hecho una buena inversión adquiriéndola —dijo su hijo.

Los días siguientes fueron frenéticos. Hicieron cuentas de cuánto les podía dejar su madre. Ya estaba todo hecho…

Al día siguiente quedaron en ir al notario.

—Bueno, ya está todo arreglado. Aquí están sus llaves —les dijo el vendedor a la pareja—. Espero que sean muy felices en su nuevo hogar.

Seguidamente fueron a celebrarlo con una comida. Paco, todo entusiasmado, dijo:

—Marieta, he traído el metro. Ahora mismo, vamos a tomar medidas al chalé y enseguida a comprar los muebles.

Al llegar cerca de la casa, él la alertó:

—¿Quién será la señora que está en el rellano de la puerta?

Marieta fue presurosa y, dirigiéndose a esta, le preguntó:

—¿Puede decirme qué hace en nuestra casa?

—¿¡Cómo en su casa!?

—¡Esta casa es de mi propiedad! —contestó de mal genio ella.

Los dos se apresuraron a contarle la historia de su reciente compra.

—¡Pues los han timado! Tengo todas mis escrituras y todos los vecinos me conocen desde hace 20 años.

La pareja no salía de su asombro.

Llamaron a Alberto, pero el teléfono no existía. Cogieron inmediatamente un taxi y fueron al notario: calle Almagro, número 36. Subieron al tercer piso, llamaron al timbre, pero nadie les abrió. Al bajar, vieron al que parecía el portero y preguntaron por el notario del inmueble. Este les respondió:

—Aquí nunca ha habido un notario, el tercer piso está vacío hace ya 4 años, se han confundido de portal.

No pudieron contestar. Cabizbajos, salieron a la calle. Ella dio un profundo suspiro y quedó tendida en el suelo. Una ambulancia los llevó al hospital más cercano. Dirigiéndose a Paco, el médico que la había atendido le dijo:

—Ha sido un infarto, hemos podido reanimarla, pero le quedarán secuelas, no podrá hacer vida normal.

Paco no asimilaba lo que había pasado. Llamó a su madre contándole todo lo acontecido. Esta, al poco, se presentó en el hospital; su hijo estaba llorando.

—No te preocupes, vendréis a vivir a casa, yo ya estoy muy mayor y pronto estaréis solos. Marieta no hace falta que vuelva a trabajar, nos arreglaremos con mi pensión y tu sueldo. Verás como volvemos a ser felices.

Y los dos se unieron en un gran y largo abrazo.

El Diamante Azul

Un señor, con gabán negro y cara de pocos amigos, subió al tren. Este se puso en marcha inmediatamente. La azafata le indicó el lugar que ocupaba en el AVE. Se había montado en la estación de Atocha y su destino era Córdoba. Una vez acomodado, le sirvieron zumo y frutos secos.

Su mente se puso en marcha y, cerrando los ojos, vio, como si los tuviera abiertos, a una mujer de raza blanca, de mediana edad. Iba sentada 3 asientos más atrás. Su vista recorrió su cuerpo. ¡¡Allí estaba!! En el pecho terso de la mujer metido en una bolsita de terciopelo negro. Su avejentada y sombría cara se iluminó, su boca esbozó una sonrisa que pareció una mueca. ¡¡El Diamante Azul!!

Aunque su mente lo había visto en varias ocasiones, ahora se le antojó más perfecto y con mayor poder. La mujer estaba sola, lo que le facilitaría las cosas. Se prometió no impacientarse. Después de terminar la comida que les servirían las azafatas, se ocuparía del asunto. Cerró los ojos y descansó.

Era muy niño; nunca supo cuándo empezó, pero donde se perdía su recuerdo; allí estaba su poder. Podía ver cosas que nadie veía con solo cerrar los ojos. Al principio, fue una diversión. Luego, una vez que pasaron los años, le dio mayor y más amplia utilidad, hasta que al final lo que la naturaleza le había dado lo puso al lado del mal.

Una vez degustada la fugaz comida que le habían servido, se levantó y se acercó a la señora que sus sentidos habían visto con tanta claridad como la estaba viendo ahora. Era una mujer algo madura, de pelo color castaño, ojos oscuros y cara agraciada. Él le sonrió.

—¿Me permite?

Se sentó a su lado en el asiento que daba al pasillo.

—¿No le gusta su asiento? —le respondió con acritud su nueva acompañante.

—No, pero me gustaría charlar un rato con usted.

—Pues yo no tengo ningún interés en hacerlo. —E hizo ademán de levantarse.

El siniestro personaje la cogió del brazo y, con fuerza y resolución, hizo que volviera a sentarse.

—¿Qué tal si hablamos del Diamante Azul que lleva encima?

La cara de la mujer mostró nerviosismo y asombro; su cuerpo se paralizó y solo acertó a murmurar:

—¿Cómo sabe…?

—Yo sé muchas cosas, incluso de usted. Necesito ese diamante, lo necesito para cambiar el orden de la actual sociedad. Entre mis, digamos, grandes cualidades y el gran poder que Él posee, seré el más poderoso de la tierra. Después, por supuesto, del gran Hkulmer, cuyo más fiel siervo seré.

—Pero… está loco…

—Yo no lo creo así y me gustaría que usted, Sonia, estuviera a mi lado; admiro su valor, su valentía y su ambición. La admiro desde hace largos años.

Sonia se asustó, ahora realmente de verdad. Qué sabía este hombre de aspecto demacrado y rasgos angulosos. Su mirada la sobrecogió.

—¿Qué sabe de mí y desde cuándo me espía?

—No la espío, querida, simplemente me interesa, sobre todo ahora, que tiene el Diamante Azul. Si los dos nos unimos y hacemos que el gran guerrero vuelva a la vida, Sonia, usted, y yo juntos… ¿Se daría cuenta de lo que llegaría a alcanzar nuestro poder?

Sonia lo miró de soslayo. Su cuerpo lo recorrió un escalofrío. Era realmente un ser repulsivo.

—Ya sé que es un alma noble y que lleva el Diamante Azul a Castell, pero comprenda… Él solo lo quiere para que la ciencia lo estudie, y ni él ni nadie, ni tan siquiera esta nación, podrá descifrar lo que existe dentro de Él. Lo guardarían como un tesoro más y su secreto quedaría enterrado para siempre. Todo su poder se perderá, como usted sabe.

Efectivamente, Sonia sabía todo lo referente al Diamante Azul. Su padre, físico y un estudioso de ciencias ocultas, la había puesto al corriente de todos los pormenores referentes a Él. Lo había guardado durante largos años en una caja de plomo, en un lugar secreto que solo su ayudante y él conocían. Jamás le había hablado de Él, pero, hallándose próxima su muerte, este explicó a su hija cuánto conocía de su historia: el Diamante Azul había sido hallado por los túrdulos en el fondo de un gran lago. Fue un valiente guerrero quien, sabiendo que en sus aguas se encontraba un tesoro de gran poder, iba cada mañana al amanecer, atraído por esa leyenda, a contemplar sus aguas cristalinas. Uno de aquellos días en el que el sol brillaba con más fuerza, vio destellos de un azul difícil de describir y, buceando hasta donde estos rayos salían, consiguió el gran Diamante Azul. Pronto él y todo su pueblo se dieron cuenta de su gran fuerza no terrenal; sus gentes prosperaron, sus guerreros siempre ganaban las batallas, llegando a tener una gran fortuna y fama. Sin embargo, uno de ellos, temido por sus grandes poderes ocultos, lo robó un día y desapareció.

A través de los años les llegaron excitantes historias y negras leyendas; se transmitió de padres a hijos que aquel malvado guerrero usó su poder para aliarse con los poderes ocultos haciendo grandes estragos entre los pueblos y gentes de su época, trayéndoles un gran sufrimiento. Hasta que un enviado, dicen, de otro planeta distinto llegó a la tierra y se lo arrebató.

Fue entregado a un hombre honrado y sabio para que lo guardaran él y su descendencia en un lugar seguro dentro de una caja de un raro metal, que, según el señor de cabellos rojos, preservaría al Diamante Azul de las fuerzas tenebrosas; y así fue como, a través de generaciones, llegó a manos de Sonia.

El pensamiento de esta se cortó bruscamente, una azafata les preguntó con cortesía si querían algún licor.

—¿Un *whisky* tal vez? —Los 2 viajeros negaron con la cabeza y ella siguió con el carrito preguntando a los demás pasajeros.

—¿Conoce la leyenda del Diamante Azul? —preguntó Sonia ya más tranquila.

—No es una leyenda, es una historia real, y sí, la conozco perfectamente; hace ya algunos años que sigo los pasos de su padre y... de usted, naturalmente, pero por distintos motivos. Lo que no comprendo es por qué nunca he podido averiguar dónde su padre escondía el Diamante Azul hasta que un día lo vi en sus manos. ¡¡Es tan hermoso!! ¡¡Tan poderoso!! Usted estaba tan bella, sus reflejos iluminaban su cara. Verdaderamente me emocioné.

—¿Cómo me pudo ver? No había nadie cuando lo saqué de la caja. El único que lo sabía era Jacobo, el ayudante de mi padre, y él hacía dos años que había muerto.

—¡Ese pobre diablo fue fiel hasta el final! Lo intenté todo, pero jamás me reveló el secreto, ni ofreciéndole grandes riquezas, ni probando el peor lado de mi naturaleza. Prefirió morir.

—¿¡Fue usted quien lo arrojó al tren!? ¡No fue un suicidio como todos creímos!

—Por supuesto, señorita. Tuvo una muerte como él hubiera querido. Amaba el tren. Su abuelo había sido jefe de estación de Córdoba, había vivido desde niño en ella.

—¿Quién es usted? —Y un helado escalofrío recorrió el cuerpo de Sonia.

—Eso no importa, lo que importa es que usted decida de qué lado está. Me gustaría que fuera del mío, ya le dije antes que la admiraba, incluso mi gélido corazón podría llegar a amarla.

Su mirada se clavó en los asombrados ojos de ella; Sonia bajó la suya, no podía soportar aquella fría y despiadada expresión; parecía provenir del más allá. Todas las fuerzas del mal parecían haber concurrido en ella.

—Está loco, nunca le daré el Diamante Azul.

—Está bien, querida —dijo con ironía—. Entonces nuestra unión no se realizará.

Y, sin un atisbo de humanidad, cerró los ojos y, tocándole el brazo, dio órdenes a su mente. Esta quedo dormida al instante.

Esbozó una sonrisa, esa que siempre se confundía con una mueca. Extendió su fría y viscosa mano entre la rendija de su blusa y, desabrochando un botón, posó esta sobre su pecho. Apoyada en uno de ellos estaba la bolsita de terciopelo negro. Echó una rápida mirada a los asientos de alrededor, nadie les prestaba atención. Unos dormían, otros leían y algunos con los auriculares puestos veían una película. Se levantó rápidamente y se fue a su correspondiente asiento. Ella dormiría largo tiempo. Ya había pasado una hora y cuarenta minutos, estaban a punto de llegar a Córdoba, su destino.

Su pensamiento voló, había amasado una gran fortuna gracias a sus ocultos poderes. Estos habían ido aumentando a través del tiempo gracias a su confabulación con las oscuras tinieblas del mal.

Podía vivir con gran poder y riqueza, aunque siempre lo había hecho en la sombra. Pero estaba en la mitad de lo que debía de ser su vida y él se resistía a dejarlo todo cuando la muerte, como a cualquier humano, llamara a su puerta. Es más, detestaba hacerse viejo, no soportaba la idea de que un día le fallarían las fuerzas y, aunque seguiría teniendo sus poderes, no podría disfrutar de todo cuanto estos le habían dado.

La voz de la azafata anunciando su llegada a Córdoba hizo que volviera a pensar en lo que debía hacer para conseguir lo que quería. No llevaba equipaje.

Fue hacia la puerta de cristales y apretó el botón rojo; esta se abrió. Junto con otros viajeros y ayudado por una afable azafata bajó las escaleras del tren. Una vez en el andén, se dirigió al exterior de la estación, subió a un taxi y le explicó al conductor dónde quería ir. Este puso cara de no gustarle el destino donde debía llevarlo. Recordó que en ese lugar, ya desde niño, había oído a sus padres y los padres de sus amigos que no fueran nunca a jugar aquellos parajes. Se contaban cosas horribles y misteriosas.

Se decía que unos novios habían ido allí para consumar su amor apareciendo días después con las vestiduras rasgadas y sus cuerpos cubiertos por arañazos. «En todo caso —pensó— es una carrera larga», y terminó bajando el taxímetro.

Cruzaron despacio la ciudad, pasaron cerca de la mezquita, dejaron atrás el alcázar de los reyes cristianos y avistaron el puente romano; bordearon el Guadalquivir y fueron hacia el noroeste dirigiéndose hacia el embalse de Yeguas. Mucho antes de llegar a él, allí, en un lugar incógnito y desapacible, fuera del alcance del ojo humano, le dijo al taxista que lo dejara. Cerró los ojos y mentalmente le dio instrucciones para que, a las 2 horas, estuviese en el mismo lugar para recogerlos a él y a otro pasajero. El taxista, sin haberle cobrado el importe, se despidió.

Cuando este llegó a la ciudad, no recordaba el viaje. Solo tenía en su mente, sin él saberlo, que dentro de 2 horas debería ir a recoger al siniestro pasajero. Este anduvo un poco por los alrededores hasta que, por fin, vio la entrada de una gran cueva casi tapada por altos arbustos. Sin sus ocultos poderes jamás hubiera llegado a descubrirla. Apartó como pudo algunos de ellos y entró por la gran boca. Sus malévolos ojos parecían salirse de sus órbitas: allí estaba con todo su esplendor, el antiguo Templo de los Túrdulos, el ancestral pueblo que había habitado las orillas del Betis y había navegado por él. Los romanos habían establecido cerca la célebre Colonia Patricia, primera de España.

Entre aquellas suntuosas ruinas debía encontrarse el sepulcro de mármol del antiguo turdo, señor del mal, y, si sus cálculos no fallaban, faltaban 5 minutos para que este, gracias al poder del Diamante Azul, volviera a resucitar, y su existencia y la suya serían imperecederas.

Entró en las ruinas. A pesar de que su visión de rayos de luz era perfecta con los ojos cerrados, también con ellos abiertos veía con claridad. Varios rayos de luz entraban por diversas cavidades y ranuras estrechas por las rocas que cubrían el lugar. Bajó raudo las escaleras que conducían a la pequeña estancia. Al entrar en ella, descubrió 2 sepulcros: uno al lado del otro. ¡Dudó! Su mente siempre había visto un solo sarcófago. ¡Cómo es posible que esta le hubiera ocultado el otro!

En su pacto con el mal le había sido revelado que solo podría abrir uno, pero jamás se le dio a conocer la existencia del otro. Potenció sus sentidos y los seres de las tinieblas le advirtieron que, al incrustar el Diamante Azul en la frente del guerrero que no era, podrían suceder cosas horribles. Se detuvo y miró, en cada uno de ellos había una inscripción: «LXSV». Se podía leer exactamente igual en ambas, las mismas siglas.

Intentó ver dentro con el fin de descubrir cuál de ellos debería abrir. En el interior de uno de ellos se hallaba una momia con una gran lanza a su lado y un escudo, en cuyo dibujo había rayos; en el otro se encontraba otra de menor tamaño y sin armas. No dudó, retiró con gran esfuerzo la tapa de mármol donde se encontraban los primeros restos, los cuales no parecían humanos, y, sacando de la bolsita de terciopelo negro el Diamante Azul, con trémulas y nerviosas manos lo acercó a la frente de Él, que allí yacía, y lo incrustó entre los dos ojos; nada más hacerlo, una luz cegadora salió de Él. El guerrero tomó vida y una mano descarnada lo agarró por el cuello, apretó, y la falta de aire enturbió sus sentidos. Cuando ya casi estaba a punto de exhalar el último suspiro, la mano huesuda recubierta de piel momificada soltó y una descarga no humana arrojó al suelo al aterrorizado personaje. El Diamante Azul apagó su luz. Y de manera sobrenatural la tapa del pesado mármol se corrió y selló la tumba. Cuando se recuperó de la falta de oxígeno, cerró los ojos y no vio nada a su alrededor. Al abrirlos, solo pudo ver una tenue luz que iluminaba una inscripción antigua en el sarcófago que acababan de abrir. Experto en lenguas muertas, tradujo: «Guardián de los poderes del bien sobre la tierra. Enemigo implacable de los poderes del mal. Las fuerzas satánicas nunca llegarán otra vez a este planeta». En el otro sarcófago solo había otra inscripción: «Hkulmer, señor del mal».

Tocó con sus trémulas manos las inscripciones en relieve de las dos tumbas. Las letras estaban grabadas con un extraño metal. Entonces comprendió por qué sus sentidos no los habían podido leer y por qué durante tantos años no pudo saber dónde se encontraba el Diamante Azul. El metal con que debía haberse guardado cuidadosamente durante tantos años era, necesariamente, igual al metal que se utilizó al grabar las inscripciones. Este no era terrenal y él, por una inexplicable razón, no podía verlos.

Intentó recordar…, no pudo. Solo sabía cómo se llamaba, lo que le había llevado allí y poco más. Se dio cuenta con terror de que sus poderes, con los que la naturaleza lo había obsequiado, ya no existían; al utilizarlos solo para el mal y quererlos poner al servicio de las fuerzas ocultas, el bien que existía en el cosmos los había hecho desaparecer.

Salió al exterior como pudo. Se acordó de que no llevaba dinero, nunca lo necesitó; tampoco tenía documentación. Intentó recordar algo de su pasado, pero no pudo… Solo recordaba que había sido poderoso y con grandes riquezas.

A lo lejos, vio el AVE yendo hacia Madrid; sus iluminadas ventanillas pasaban a una velocidad de vértigo.

—En ese tren debería ir yo.

Y con tristeza incontenible el siniestro personaje, con gabán negro, comenzó a andar hasta el próximo pueblo. Su figura delgada y extraña desapareció en la noche que comenzaba.

El engaño

El tren corría a gran velocidad. Reclinada en mi asiento, pensaba en todas las cosas que dejaba atrás. Fernando, a estas horas, estaría llegando a casa, quizás ya hubiera entrado en mi dormitorio. Él solía llamarme siempre a gritos desde la entrada; al no verme, se apresuraría hacia allí. Habría encontrado los cajones a medio cerrar, completamente vacíos, y el armario, abierto de par en par, solo contendría algunos trajes. No comprendía aún bien lo que estaba sucediendo.

Esta mañana, yo le había prometido no salir de casa a causa de un resfriado que no terminaba de curárseme. A mediodía recordé, de pronto, que mañana era su cumpleaños y no tenía nada preparado. Me abrigué lo mejor que puede y salí apresuradamente a comprarle un regalo. Si no lo hacía, sería el primer año desde que nos conocíamos que no lo tendría.

Me encaminé a una de las calles principales y empecé a pensar: «¿Quizás una corbata?». No, ya le había comprado una el año pasado; colonia, tenía varias. De pronto comprendí lo difícil que es hacer un regalo a un hombre que casi lo tiene todo. ¡Un jersey!, eso es lo que le compraría.

Fui hacia la estación, allí habían puesto bonitas tiendas. La habían reformado hacía poco. Antes era una estación vieja o, mejor dicho, antigua, llena de encanto, con grandes verjas y techo de cristal; un gran reloj daba las horas religiosamente descubriendo al tren que llegaba con retraso. Unos bancos de marquetería a uno y otro lado de la gran puerta de entrada le daban un aspecto acogedor; había árboles, a cuya sombra siempre había en verano un botijo de agua fresca.

Aunque hacía poco que estas imágenes las habían borrado para siempre, a mí me parecían siglos. Grandes paredes de ladrillo rojo se habían alzado en su lugar. Todo era ahora moderno. A uno y otro lado de la vía había bonitas tiendas, *boutiques*, cafeterías, tiendas de *souvenirs*, etc. Todo era precioso, pero lo que la gente consideraba entrañablemente familiar había desaparecido, ahora era un complejo mucho más impersonal.

Entré en una de estas pequeñas tiendas donde hay de todo. Antes de ir hacia el fondo, quedé paralizada: allí estaba Fernando con una chica rubia, aproximadamente de mi edad. Me quedé pálida y no supe qué hacer, me escondí detrás de una estantería de libros y seguí vigilando. Ella le ponía por delante un jersey, quizás ese mismo que yo hubiera elegido para él. Le medía las mangas y el ancho de espalda, quería comprobar que fuera de su talla. Dejé el libro que nerviosamente había cogido y salí de allí apresuradamente. Los ojos se me nublaron y choqué contra un señor. No sabía dónde dirigirme y, de pronto, me encontré delante de la ventanilla donde se despachaban billetes. Fue un pensamiento relámpago. Mi familia… Hacía tiempo que no la veía. Yo lo único que quería, en estos momentos, era escapar de Fernando y de todo lo que nos rodeaba. Pedí un billete a Lérida con reserva. Salía dentro de dos horas, tenía el tiempo justo para ir a casa y recoger las maletas. El empleado me preguntó de manera rutinaria si quería billete de ida y vuelta; lo pensé un instante y contesté:

—No, por favor, solo de ida.

Estaba dispuesta a acabar con lo nuestro. Telefoneé a mi madre y, sin explicaciones, le dije que iba hacia allí. Fui a casa a por las maletas.

Otra vez en la estación cogí el tren, este se puso en marcha; yo me iba calmando a medida que cogía velocidad. No tenía sueño, el resfriado había aumentado y me parecía que tenía algo de fiebre.

De nuevo pensé en mi familia, qué les diría; ya se me ocurriría algo, o quizás les diría la verdad. Nunca pensé que pensamientos materiales inundaran mi cabeza; en esos momentos me sorprendí a mí misma haciendo el reparto de bienes materiales. Se vendería el piso y el dinero serviría para pagar la entrada de un pequeño apartamento. El dinero ahorrado, aunque no mucho, también se repartiría a partes iguales.

¡Dios mío! Cómo era posible que en estos momentos pensara en cosas así. A mí lo único que me preocupaba era una ruptura afectiva. Llevábamos dos años de casados y habíamos sido felices, no comprendía su actitud.

Estaba muy cansada. Tomé una de las pastillas para cuando no podía conciliar el sueño y me quedé profundamente dormida. Me desperté con un escalofrío por todo el cuerpo, oí lejanos gritos y murmullos a mi alrededor. Todo el mundo hablaba entre sí, el tren se había detenido.

A un lado de las ventanillas solo vi nieve. Unas cuantas niñas corrían lo largo del vagón. Los rostros de los que estaban a mi alrededor denotaban angustia y miedo. Pregunté a mi compañero de asiento, un hombre de edad avanzada:

—¿Qué es lo que sucede?

—No lo sabemos con exactitud, hemos visto una gran avalancha de nieve. Ha sido horrible, ha tapado toda la parte izquierda. Ha venido la azafata y nos ha dicho que no bajemos del tren y que procuráramos no ponernos nerviosos, que todo se arreglaría a los pocos instantes.

La azafata, con un carrito lleno de bebidas, iba ofreciendo refrescos a quienes los solicitaban. Me dirigí a ella:

—Señorita, yo estaba durmiendo cuando lo ocurrido. ¿Me puede explicar lo que ha sucedido?

No me aclaró gran cosa sobre lo que ya sabía por mi interlocutor anterior, pero sí denoté un ligero nerviosismo al hablar.

—¿No quiere tomar nada?, ¿está segura? —volvió a decirme.

—No, muchas gracias.

Teníamos que llegar a la una del mediodía a Lérida y ya eran las tres, había estado durmiendo dos horas sin enterarme de nada.

Pasó otra hora de nerviosismo, en la que se oían toda clase de comentarios.

—Creo que nos podemos quedar sepultados —decía una señora de nariz aguileña y pequeños ojos.

—Yo creo que no, que ha sido una avería de la locomotora —le respondía otra con rostro mucho más afable que la primera.

A la media hora escasa el interventor vino a explicarnos la situación:

—Tengan paciencia y no se pongan nerviosos, no se trata de nada grave. Ha habido un alud y la locomotora ha quedado bloqueada. Hemos pedido ayuda y ya están en camino las máquinas quitanieves. En cuanto el camino se quede desbloqueado, seguiremos nuestra marcha; mientras tanto, la azafata servirá un café con leche caliente.

Sus palabras no concordaban con su nerviosismo. Su voz denotaba angustia y no era nada tranquilizante; sin embargo, el ánimo de las personas se distendió un poco, incluso llegaron a hacerse chistes de la situación.

Salí hacia el lavabo y, sin querer, escuché las palabras de la azafata a un viajero que insistía en saber la verdad.

—No podemos ponernos en marcha porque podría producirse un alud mayor y las máquinas tendrán que ir con sumo cuidado para no provocar otro de mayores consecuencias. La situación puede calificarse de grave, pero, por favor, no extienda la noticia.

Se me olvidó a lo que había ido y volví a mi sitio. A pesar de todo, me encontré protegida en mi asiento. Pensé en lo que sería una catástrofe aérea , me seguía gustando el tren.

De pronto, mis problemas particulares se empequeñecieron.

Pobre Fernando, habría telefoneado a mi familia; ya sabría mi situación y, a pesar de lo pudiera haber entre esa mujer y él, yo sabía que me quería. Estaría muy preocupado.

La siguiente hora la pasé pensando en todo lo que habíamos compartido en esos dos años de casados, pequeñas cosas que, por ser tan pequeñas, tan cotidianas, llegan a ser importantes.

Un murmullo se alzó en todo el tren. Alguien que perdió los nervios chilló de una manera histérica.

Oímos como la nieve se desplomaba por encima de los vagones y el chirriar de la locomotora, que intentaba ponerse en funcionamiento.

La azafata pasaba diciendo:

—No se asusten, solo intentamos ponernos en movimiento. Las máquinas quitanieves ya han hecho todo lo que podían.

Sin embargo, yo sabía que eran momentos cruciales para todos.

La locomotora intentó otra vez arrancar y se oyó un chillar de ruedas; pero se hizo el silencio. El desaliento de todos se veía reflejado en sus rostros.

Unos cuantos señores fueron hacia la puerta e intentaron abrirla, pero vieron, con estupor, que la nieve lo impedía. Estábamos totalmente bloqueados.

¡Otro intento de la locomotora! ¡Nada! Las ruedas patinaban o bien esta no podía con el peso de la nieve. Oímos un ruido ensordecedor, esta vez incluso desbloqueaban las puertas. Nadie se movía.

Estábamos ateridos de frío, pero nadie se quejaba, habían comprendido por fin la gravedad de la situación.

Tardaron tres horas que nos parecieron una eternidad, se oía el ruido de las máquinas y el silencio.

La locomotora volvió a intentar ponerse en funcionamiento; una y otra vez volvieron a chirriar las ruedas y al fin, tras una repentina y breve sacudida muy lentamente, casi sin moverse, comenzó a marchar. La nieve quedaba, a veces, hecha un túnel; otras, se derribaba a nuestro paso formando grandes montones, pero nosotros casi estábamos a salvo.

A los cien metros aproximadamente, el camino se hallaba libre.

Nos sonreíamos los unos a los otros, todos estábamos alegres, la gente hablaba y se saludaba haciendo comentarios, era como si se conociesen de siempre. Se respiraba gozo por la vida.

Había sido una terrible pesadilla.

Al llegar a Lérida, la gente se apresuró a bajar, los familiares besaban y abrazaban a los recién llegados de una manera especial.

Busqué un rostro familiar entre toda aquella gente y, por fin, divisé la cara de mi madre; mis hermanos y hermanas estaban junto a ella. Sus abrazos fueron más fuertes de lo habitual.

—Fernando está ansioso esperando tus noticias —me dijo casi al oído mi hermana mayor.

Nevaba, yo sentía una alegría inmensa que no sabía expresar, les explicaba lo sucedido y pensaba: «Lo llamaré, no le pediré explicaciones, volveré a casa».

En realidad, mi problema se hizo tan pequeño como grandiosa se me había hecho la vida.

Han pasado los años, Andrés y Paula vienen hoy a cenar. Ella, la muchacha rubia de la tienda de regalos, es mi mejor amiga. Aquella mañana se le ocurrió lo mismo que a mí: regalarle un jersey a su marido, y Fernando, su compañero de oficina, salió a acompañarla.

El incendio

Laura tenía dieciséis años, era guapa, alegre y tenía unos ojos negros preciosos.

Estaba en plena adolescencia cuando acontecieron los hechos que cambiaron su vida para siempre.

Cuando ella aún era una niña, la casa del jardín del chalé donde vivía con sus padres se incendió misteriosamente. Ellos murieron en el trágico suceso.

Andrés, su tío, se había hecho cargo de ella. Soltero, de mediana edad, vivía con Míriam, su novia de siempre.

Cuando Laura cumplió diecisiete años, sus compañeras fueron a buscarla. Iban a ir a la playa.

—¡Laura, date prisa! —vociferó una de ellas.

Laura bajó alegremente las escaleras. Era tan feliz... Terminada la jornada con sus amigas, fue hacia su casa.

Llegó antes de lo previsto. Entró por el jardín. Era un precioso y pequeño vergel lleno de arbustos, flores y árboles frondosos, con blancos bancos de hierro forjado. Todo el conjunto rezumaba paz y sosiego.

Al llegar, en el piso de arriba, se oían voces. Escuchó a Míriam bastante alterada.

—Después de ayudarte en aquel trágico día, ¿me lo pagas así?

—¡No es eso! ¿¡No puedes aceptar que lo nuestro ha terminado!? —dijo Andrés bruscamente.

—¡¿Quieres que te recuerde…!? —dijo Míriam, casi chillando—. ¡Cómo les diste a tu hermano y a su mujer aquel *whisky* lleno de somníferos! ¡Cómo los llevaste medio dormidos al sofá de la casita del jardín! Yo fui tu coartada, se suponía que yo había estado contigo. ¿¡Todo para qué!? ¿¡Para quedarte con la fortuna de Paula!? ¡La madre de Laura! ¡Tu cuñada!

Laura, asustada, no daba crédito a lo que acababa de oír. Estaba anonadada. Se miró al espejo de la entrada, se vio pálida y, en su rostro, vio ¡odio!, ¡venganza!, ¡terror! Pensó: «Pagarán por lo que hicieron». Laura salió de la casa sin hacer el menor ruido. Rápidamente, fue al cuarto donde acumulaban leña para la chimenea, cogió unos largos fósforos. Solo tenía un pensamiento: «Morirán de la misma manera que habían muerto mispadres».

Su tío y Míriam seguían gritándose. Sigilosamente, llegó a la entrada, donde estaban las llaves de la casa, y cerró con ellas tanto la puerta principal como la del jardín; no sin antes prender fuego a todo lo que ardía con facilidad: sofás, sillas, almohadones…

El fuego se propagó rápidamente, ¡ya estaba hecho! Se encontraba aturdida. Oía, desde el jardín, como su tío y Míriam gritaban intentando abrir las puertas. Trataron de salir por las ventanas, pero sus rejas se lo impidieron.

Laura seguía oyendo sus horribles gritos… ¡Estos le taladraban los oídos! Se sintió serena.

Nadie se había enterado. Era una casa aislada lo suficientemente de otras para que se impidieran ver las llamas; como mucho, se veía un tenue resplandor.

¡De pronto, el lugar se quedó en silencio! ¡Ya había pasado todo!

Cuando se buscaron las causas del incendio, no encontraron ningún indicio de que el fuego hubiera sido premeditado.

Habían pasado los años. La gran casa seguía igual. Solo se veían los estragos del incendio. Parecía abandonada.

Laura, sentada en el banco de jardín, estaba rezando, como hacía desde que llevó a cabo su venganza, ¡todos los días! Trataba así de expiar su culpa en aquel entrañable jardín, donde había sido tan feliz en su niñez.

El monstruo

Carlitos tenía siete años. Era un chico avispado, alegre e independiente, con pelo rubio, ojos azules y cara traviesa. Después del colegio, antes de hacer sus deberes, salía con su merienda a dar vueltas por el bosquecillo que se hallaba a pocos metros de su casa. Esa tarde miró con la admiración de siempre el paisaje y la atmósfera que lo rodeaban. Tenía grandes árboles de hojas oscuras, pequeños arbustos de un color amarillo verdoso y claros espacios de doradas praderas. Ese día descubrió grandes pisadas en la hierba. No las había visto nunca.

Asustado, puso sus pequeñas manos encima de ellas y se le escapó una exclamación. ¡Eran cuatro o cinco veces mayores que las suyas! Las siguió y, tras andar un buen rato, vio un árbol más grande de lo normal. Allí, apoyado en él, estaba lo que él pensó que debía de ser un monstruo. Era de un tamaño excesivamente grande, se asustó y dio dos o tres pasos hacia atrás. Lo miró fijamente. Sus ojos eran grandes, negros y tristes. Su cuerpo estaba cubierto de largos pelos de color marrón oscuro y sus manos eran pezuñas.

Abrumado, se fijó: de un costado, le brotaba un líquido rojo oscuro, y exclamó:

—¡Es una herida!

No sabía qué hacer. Finalmente, venció su miedo, se acercó y le puso la mano en lo que parecía un brazo. No se asustó, preguntándole a ese extraño ser:

—¿Eres un monstruo?

Este movió un poco su gran boca. Carlitos pensó: «Va a hablar». Su cara y sus ojos se llenaron de asombro. Se acercó más y vio una fina barra de hierro clavada en su cuerpo, de donde manaba sangre. Carlitos la agarró entre sus pequeñas manos y con grandes esfuerzos la sacó de allí. El monstruo emitió un leve gemido. Carlitos le dijo:

—¿Qué puedo hacer por ti? ¿Tienes fuerzas para levantarte?

Este, con un halo de voz, le susurró:

—No.

Carlitos se quedó triste, se sentó junto a su cuerpo y lo acarició suavemente; rezó. Le daba una gran pena.

De repente, las ramas de un gran árbol se movieron, miró hacia arriba y dio algunos pasos hacia atrás. Asustado, vio a otro ser muy igual a su amigo, era enorme y muy alto. Este se acercó a él, bajó su brazo y, con la gran mano peluda, le acarició la mejilla. Se agachó y cogió en brazos al otro pequeño monstruo abrazándolo, lo acarició acurrucándolo entre su cara. Se volvió hacia Carlitos, que estaba petrificado, y le sonrió y le susurró una palabra:

—Gracias.

Se alejó despacio, desapareciendo entre la maleza.

Carlitos se quedó un rato allí, de pie. Una vez que se hubo recuperado de la aventura, empezó a andar despacio; luego, corriendo lo más rápido posible, se alejó hacia su casa, sintiendo una gran alegría.

El tren de las cinco

Un tenue sol desgarró las blancas nubes de algodón el quince de septiembre en el cielo de Salamanca. Sara, sin sacar la nariz del embozo que casi le tapaba la cara, se dio media vuelta y volvió a llorar.

Eran las ocho horas. Las campanadas de la iglesia cercana tocaban a entierro.

Sara se levantó bruscamente de la cama. Ella tenía que estar en esta a las nueve horas. Iría a la misa que se celebraba por la muerte de su primo Julio.

Llegó la primera; se sentó en el primer banco, junto a ella lo harían los demás familiares.

El féretro, delante de ellos, en el pasillo central, cerca de las escaleras que subían al altar, aguardaba solitario. El párroco, al decir el sermón, solo tuvo palabras de dolor y ensalzamiento de la personalidad y carácter del fallecido. Todos estaban agradecidos por ellas y sus rostros reflejaban una tristeza profunda. Diversos colores pasaban a través de los cristales de la iglesia: azules, verdes, rojos…; todos ellos nos rodeaban dándole a la ceremonia un carácter sobrenatural.

Terminada la homilía, el coche fúnebre lleno de coronas fue hacia el cementerio —bastante lejos de la ciudad—. Sara ocupaba un asiento en el primer coche que iba tras él.

Julio y ella se conocían desde siempre, prácticamente se habían criado juntos.

En el camino recordó varios parajes de su niñez. Los dos fueron hijos únicos. Sus madres eran hermanas. Habían sido tan dichosos en sus primeros años…

En el trayecto había recordado cómo y cuándo se besaron por primera vez. Estaban bailando, él la cogió fuertemente por el cuello y juntó su boca con la suya dándole un mordisquito cariñoso. Se quedó muy sorprendida, lo había considerado siempre muy guapo y atractivo, pero jamás pensó en algo más; sin embargo, el apretado abrazo de él, que acarició su pecho junto con su beso, le gustó tanto y se sintió tan querida que, desde ese momento, se enamoró perdidamente de él. Tenían 30 años. Desde entonces empezaron a hacer planes para su futuro.

La gran verja de hierro forjado del cementerio delante de ella terminó con sus pensamientos.

Todos los coches se adentraron lo más cerca posible, donde, en una pequeña explanada, un cura, amigo de Julio, los esperaba para rezar un rosario; luego, todos a pie acompañaron al ataúd hacia su destino final.

Un hueco hecho en el suelo para taparlo, unas cuerdas y un pequeño capacho de goma con cemento presagiaban lo que de inmediato iba a suceder: el féretro bajando poco a poco hasta el fondo. Unas grandes palas se encargaron de rellenar el hueco de tierra y, por último, fue tapado y sellado. Sara rompió a llorar, lo quería tanto…

Todos fueron saliendo poco a poco, no sin antes cubrir la gran losa con multitud de coronas. Ella cogió un clavel rojo que llevaba entre sus manos, se agachó y lo depositó con amor a sus pies.

Silvia, una amiga, la cogió por la cintura y la alejó de aquel lugar.

Ese mediodía fue terrible para ella, comieron todos juntos en familia, deseaba estar sola con sus recuerdos, el de Julio le venía a su mente constantemente. ¡¡Maldita pulmonía!! Nunca se dieron cuenta de lo enfermo que estaba hasta que esta se lo llevó, tenía treinta y dos años.

Durante la comida todo fueron halagos para él. Ella se sentía como en una nube. Al fin, llegó la hora de despedirse de todos y le mostraron su gran dolor. Al salir del restaurante, prefirió ir andando a casa; caminó despacio, muy despacio, y numerosas lágrimas inundaron su cara humedeciendo sus mejillas. Se iría de Salamanca, no soportaba este ambiente sin él.

Al llegar a casa, miró los horarios de trenes en el móvil para el día siguiente. Los zapatos volaron por los aires y se derrumbó sin fuerzas en el mullido sofá. Sí, se iría a Santander, allí tenía una amiga de la infancia; en septiembre haría buen tiempo. Cogería el tren de las cinco de la tarde. Tomó dos somníferos y se fue a la cama; el sueño la inundó rápidamente.

Era una tarde lluviosa y grisácea. Esperaba el tren sentada en el andén, cuatro o cinco personas también estaban allí. A poca distancia distinguió a un chico moreno y delgado —quizás de treinta y cuatro años—, era muy atractivo. La miró fijamente, vestía pantalón gris y cazadora.

—Me parece que la conozco —le dijo él con tono interrogante.

—No sé, en esta ciudad se conoce casi todo el mundo de vista —le contestó con pocas ganas de hablar.

—Tiene razón, solo era una curiosidad. ¿Fuma? —la interrogó, ofreciéndole un cigarrillo.

—No, gracias —contestó Sara secamente.

Él se sentó a su lado. En ese momento anunciaron la llegada del tren, justo a las cinco.

Subieron por la misma puerta. Al llegar a sus asientos, él sonrió burlonamente: los dos los compartían. Sara se alegró. Sin saber por qué, pensó: «Es como si fuera cosa de Julio». Empezaron una charla trivial. Pasaron treinta minutos irrepetibles hablando de sus vidas.

En un momento *eterno* se percibió un gran olor a metal quemado y un gran estruendo se dejó oír dentro y fuera del tren. En unos instantes todo quedó quieto y silencioso. Sara miró a su alrededor, había amasijos de hierro junto a cuerpos humanos. Sara se fijó en su acompañante, ni siquiera sabía su nombre, tenía los ojos cerrados y un hilo de sangre salía por una comisura de sus labios. Se asustó. Le cogió la muñeca y le tomó el pulso. ¡Estaba bien! Los gritos no tardaron en resonar en el tren. Sara miró a su compañero de viaje y le preguntó:

—¿Cómo te llamas?

—Juan —le dijo con un hilo de voz.

—¿Cómo te encuentras? —le preguntó Sara.

—¿Y tú? —preguntó Juan preocupado.

—Sí…, sí…, creo que bien —dijo palpándose por todo el cuerpo.

En los pocos minutos transcurridos llegó al tren siniestrado toda clase de ayuda. Ya fuera de él, a Juan lo pusieron en una camilla y Sara a su lado, de rodillas, trataba de animarlo. Se acercaron dos médicos, lo agarraron fuertemente y no sin gran esfuerzo le quitaron una varilla delgada del contramuslo derecho; salió un chorro de sangre fino como si fuera una fuente de caño estrecho, haciéndole un torniquete. Lo examinaron y uno de ellos acercándose a Sara le dijo:

—No se preocupe, no tiene nada grave, quizás la pierna rota. Usted ya veo que se encuentra bien. Súbase con él en la ambulancia, los llevarán al hospital. Hay que descartar que tengan lesiones internas.

Así lo hicieron.

Todo a su alrededor era un caos. Enfermeros y médicos se afanaban en analizar a los numerosos heridos poniendo vendajes, goteos con medicinas, y extrayendo finos hierros de sus cuerpos.

La ambulancia donde iban salió del mar de cuerpos humanos. Sara dio gracias a Dios de que Juan y ella estuvieran bien.

—¿Qué ha pasado? —preguntó esta ya casi sin fuerzas; los golpes en su cuerpo empezaban a hacerse notar brutalmente.

—Un descarrilamiento del tren al entrar en una curva cerrada, no sabemos nada más —dijo serio el conductor de la ambulancia.

Habían pasado cuatro meses y medio desde el accidente, Juan aún cojeaba. Paseaban por el parque de Salamanca recorriendo sus lugares, se sentaron en un banco.

—¡¡Ah!! Qué bien se respira el aire fresco de la mañana —dijo Juan cogiéndola por los hombros y apretándola contra él.

—Sí, hace un día espléndido —dijo Sara rozándole un poco la mejilla.

—¿Y si volvemos a casa después de este paseo y desayunamos un buen chocolate en nuestra terraza? —dijo Juan.

—¿Con churros? —contestó Sara, como relamiéndose del gusto.

—¡Sí, con churros! —le contestó Juan asegurándoselo.

Rozaron sus bocas fuertemente y emprendieron el camino a su hogar.

Al entrar en él, Juan la agarró por la cintura y la cogió en brazos.

—¿Qué haces? Te vas a hacer daño, ¡estás loco! —dijo Sara riendo.

Él no contestó, la llevó al dormitorio y la dejó en la cama cogiéndola fuertemente por la cintura. Le dolía un poco la pierna, pero había merecido la pena hacerlo. Se echó a su lado y se abrazaron largamente. Juan se volvió y metiéndose la mano en el bolsillo del pantalón sacó una caja pequeña y la miró fijamente a los ojos.

—Sara, me hubiera gustado hacerlo de otra manera más romántica, pero no podía esperar —le dijo un poco nervioso—. ¿Quieres ser mi esposa, Sara?

Los dos miraban la sortija que contenía el estuche. Sara giró la cara y, mirándolo fijamente a los ojos, con gran amor le dijo:

—¡Sí, quiero!

Al instante, los dos cuerpos fueron uno.

—Gracias por cuidar de mí —dijo musitando Sara sin ser oída—. Gracias, Julio.

La Cañada Real Galiana

La Cañada Real es un barrio compuesto por modestas casas, donde los apartamentos ilegales, las chabolas y alguna que otra edificación de lujo se mezclan con plantaciones de coca y marihuana, situadas en superficies no muy extensas y muy bien escondidas, muchas de ellas familiares. Todas son para la explotación y venta de la droga.

En la Cañada Real, dependiendo de la población que habita determinado espacio urbano, llega a haber mucho ruido. Los chavales jóvenes forman pandillas que están vociferando casi todo el día, armando broncas con algún que otro drogadicto que vagabundea por las calles o provocando riñas con otros grupos de jóvenes, la mayoría de origen gitano.

En las edificaciones más humildes, al anochecer, se oye música a todo volumen y a unos cuantos vecinos protestando a grandes gritos por ello, todo esto mezclado con broncas familiares, cuyas fuertes discusiones se oyen en todo el edificio. Así transcurre la vida en este barrio, sin olvidar a la gente que va a él a comprar droga; esto y las continuas redadas de la policía hacen de la Cañada Real uno de los barrios más peligrosos y ruidosos de Madrid.

En uno de esos modestos inmuebles vivía Juan; era un hombre fornido, no muy alto, con una gran cabeza poblada de pelo negro y rizado, de mediana edad; vestía siempre una camiseta a cuadros verdes, la cual estaba bastante deteriorada; ella y unos pantalones cortos formaban su indumentaria casi día tras día. Vivía con su mujer, un hijo y su madre, ya muy mayor.

Los vecinos de arriba, dos hermanos, estaban siempre peleándose a voz en grito; esto irritaba a Juan, quien continuamente les llamaba la atención:

—¡Queréis dejar de gritar! ¡Estoy harto de tanto ruido nada más despertarme! —dijo este con voz ronca y potente—. ¿No podéis estar tranquilos alguna vez sin dar voces?

Dos pisos más arriba se oían los llantos desconsolados de una adolescente y a su padre gritándole; al otro lado de la escalera, dos perros ladraban sin parar.

—Es horrible, ¡aquí no hay quien esté! Me voy a trabajar a la plantación, por lo menos allí estás tranquilo —le dijo a su mujer.

Bajó apresuradamente las escaleras, cogió el coche y se fue hacia ella.

La nave estaba en el sótano de una casa no muy grande, amueblada y con todo lo necesario para vivir sin ningún lujo, pero sí cómodamente. «Si alguien entrara, jamás podría decir que aquí hay algo ilegal», pensó Juan. Al sótano se entraba apretando un trozo de pared, en la cual no se notaba ninguna grieta, ni siquiera una pequeña fisura que denotara que eso era una puerta. Después unas escaleras, y allí estaba la nave totalmente cerrada. «Nadie podría decir que aquí se cultiva coca», volvió a pensar Juan con orgullo. Grandes lámparas de luz cubrían gran parte de las plantas y unos pequeños chorros de agua las regaban continuamente.

Él trasteó por el recinto preparando todo para la próxima recolección. Las plantas ya estaban bastante crecidas y se deberían cortar, secar y procesar cuanto antes. Salió de allí y fue a contratar la mano de obra, no lo debería demorar más.

—¡Tú, chico! —llamó Juan a un joven próximo—. Os necesito para pasado mañana, habla con los demás. Prefiero a los de siempre, a las 5 de la madrugada en la nave.

Él pensó en los pasos que vendrían después: una vez hecho el proceso de recolección, esta se llevaría a otro sitio para el secado y, más tarde, a la nave acondicionada para su elaboración, convirtiéndola así en droga. Su socio era un *crack* en ello. La transformaría en cocaína tratada para consumirla en pequeños cristales o piedrecitas que crujen al quemarse, llegando a ser de extraordinaria calidad.

El jueves todos estaban en la puerta a la hora acordada. Al entrar, cogieron sus enseres de trabajo y prepararon sus fusiles por si venían mal dadas las cosas. Una vez terminado el trabajo, a medianoche, cuando se disponían a salir, oyeron las sirenas de los coches de policía, creyeron que estaban rodeados y cada uno cogió su arma. Subieron a la casa, nadie aporreaba las puertas ni se oyeron gritos de «Salgan con las manos en alto». Juan se asomó a las ventanas, no se veía a nadie.

—Chicos, falsa alarma, habrá sido en otra nave —dijo.

Todos salieron despacio y en unos segundos desaparecieron en la oscuridad. Todo había pasado. «Una noche de suerte», pensó Juan. Este cogió el automóvil y se dirigió a su casa, a lo lejos vio algunos coches de la policía y alguna gente junto a ellos. Los vecinos, asomados a las ventanas, y un policía hablando por un megáfono pedía silencio y que el asesino se entregara inmediatamente.

Juan se asustó, aparcó el coche y se dirigió allí andando. Al llegar, vio a su mujer y a su hijo; este estaba cubierto de sangre y la madre no dejaba de gritarle. De repente, estos desaparecieron de la ventana. A los pocos instantes, una silueta apareció en la puerta de salida: era su hijo con una pistola en la mano. Todos los focos estaban dirigidos a él. Este empezó a disparar contra la policía e inmediatamente fue abatido. El padre corrió hacia él y lo cogió entre sus brazos.

—¡Una noche de suerte! ¡¡Maldita sea!! —murmuró Juan entre sollozos, besándole fuertemente toda la cara llena de sangre.

La danza de la pulga

Macarena, desde muy niña, demostró tener grandes aptitudes para la música y el baile, con un ritmo poco habitual para su edad. Con apenas tres años bailaba y cantaba con gran soltura, ya fuera cual fuese la clase de música que sus padres pusieran: *rock*, baladas, clásica, flamenco…

A los seis añitos la llevaron a una academia de danza; a canto no hacía falta porque, siendo un portento, realmente no lo necesitaba. Ella se decantó por el *ballet* y por la revista de varietés.

A los dieciocho años ya empezó a hacer sus primeros pinitos, trabajando como bailarina en un famoso teatro, digamos un poco atrevido, lo que a sus padres disgustó muchísimo. A pesar de tener cierta fama, ella quería alcanzarla de manera total.

Pensó y pensó… ¡Ya estaba! Haría un número muy especial. ¡Bailaría con una pulga! ¡Haría una danza con esta! Ya veía los grandes carteles anunciándola por todos los teatros de Madrid. Se acordó de que había oído hablar de los circos de pulgas; iría a uno de ellos, compraría una y la adiestraría para salir en su número de varietés; así fue como conoció a su pulguita Serafina.

Durante cinco meses, alternó su baile en el teatro con el entrenamiento de su danza junto a ella.

Trascurrido ese tiempo, todo estaba ya preparado y anunció, a bombo y platillo, a todos los teatros su nuevo número. El estreno fue todo un éxito. A su amiga se la buscaba por todo el cuerpo. Un foco de gran potencia enfocaría el momento en que, mientras

Macarena la llamaba y se echaba las manos a sus pechos, aparecía su pulguita.

—Pulguita, pulguita Serafina —la llamaba.

Esta salía de entre ellos y, de un gran salto, remontaba a un espectacular moño negro que la bailarina llevaba sobre su cabeza; después, iba recorriendo sus hermosos brazos y, luego de dar en su cuerpo varios saltos, volvía a buscársela por su escote. Todo ello acompañado de unos movimientos, una música y un baile de lo más deleitantes para el público. Una gran ovación se oyó al final de su actuación. Fue todo un éxito. Los teatros hacían cola para contratarla. Había sucedido tal y como ella había soñado.

Así, siguió con su número otros 16 años más; hasta que un día, al darle las buenas noches a su pulguita, vio con tristeza que esta se hallaba en un rincón de su cajita donde solía estar casi siempre. La miró detenidamente, ¡estaba muerta! Abundantes lágrimas cayeron de sus ojos.

—Ya nunca volveré a hacer mi número, no, nunca, sin mi pulguita Serafina —exclamó con gran tristeza Macarena.

La excursión

Sara se vistió rápidamente. Había quedado con sus amigos y amigas de toda la vida. Era junio —recién terminados los exámenes—. Iban a ir a Arenas de San Pedro.

Irían en cuatro coches. En una hora y media ya estarían disfrutando de su escapada.

Al llegar, fueron a una cafetería a desayunar. Cuando estaban en ella, entró un chico muy especial. Era guapo y alto, con muy buen tipo. Sara se quedó mirándole. Había sentido eso que se llama amor a primera vista.

Era bastante decidida. Se levantó, fue hacia él y se presentó:

—Soy Sara, de Ávila, y mi grupo y yo hemos venido a pasar el día y hacer un poco de turismo. ¿Cómo te llamas? —dijo dulcemente.

—Me llamo Ignacio, encantado —contestó sonriéndole y un poco extrañado por la presentación de Sara.

—Oye, ¿quieres que tú y yo disfrutemos un poco de este pueblo solos? Para conocernos mejor —dijo con aplomo y firmeza.

Ignacio se quedó un poco serio; no estaba acostumbrado a estas presentaciones. Luego la miró detenidamente unos instantes y se dijo: «Vaya, es preciosa».

—¿Puedes? —le preguntó con insistencia Sara.

—Claro, no tengo nada previsto en todo el día. Si quieres, podemos quedar aquí mismo. Son las 10:10 —dijo mirando su reloj—. ¿Te parece bien a las 12?

—Estupendo, aquí a las 12 —dijo contenta Sara.

Le tendió la mano y se fue a su mesa.

Ignacio pensó: «Qué criatura tan especial y espontánea. Esta no tiene ninguna timidez. Me ha gustado, sí, señor».

Se acordó de Clara, su amiga. Habían quedado por la tarde, le daría una excusa. Deseaba conocer más a Sara y pasar el día con ella.

Terminado su desayuno, salió y se dirigió a su casa. «Pero qué chica tan preciosa», volvió a pensar. Se encontró con un amigo y le contó lo que había sucedido:

—Pues, si es tan original y espontánea, además de bonita, te doy la enhorabuena; a ver si sale algo bueno de vuestro encuentro —dijo animándolo.

Al llegar a su casa, descansó un rato y llamó a Clara para excusarse. Se cambió de ropa, poniéndose la que él creía que más le favorecía, y salió hacia la cafetería.

A las doce en punto estaba en la puerta de la entrada. Allí estaba Sara esperándolo.

—Mis amigos ya se han marchado, les he dicho que había quedado contigo sola —le dijo sonriéndole.

—Muy bien, pero ¿podrás estar conmigo todo el día? Hasta que regreséis a Ávila —le pidió con voz suplicante.

—Estaba deseando hacerte la misma pregunta —le contestó Sara—. Pues claro que sí. Lo estoy deseando.

—¿Te parece que vayamos a recorrer la ciudad y nos contemos nuestras vidas para conocernos mejor?

A Sara se le iluminó la cara y con una sonrisa en la que se le veían los blancos y perfectos dientes dijo:

—Sííí.

Fueron hablando de la vida de cada uno. Lo primero que le preguntó Sara a bocajarro fue lo siguiente:

—¿Tienes novia?

Él le contestó:

—No.

Juan le contó que era médico en un hospital de día. Tenía madre y dos hermanos. Llevaba una vida tranquila. Le gustaba leer y ver películas en TV. Tenía amigos, no muchos, pero sí muy buenos.

Ella le contó la suya: estudiaba Psicología, tenía padres y tres hermanos.

—Y soy una empollona —le dijo con satisfacción.

Charlando no se dieron cuenta de que se habían salido demasiado del pueblo. Habían transcurrido más de dos horas.

Vieron cerca lo que parecía una vieja casa, irían y preguntarían a los dueños si había cerca algo para que pudieran comer. Al llegar, no vieron a nadie en los alrededores ni cerca de la casa. Llamaron a la puerta y no contestaron, volvieron a llamar insistentemente y esta vez abrieron despacio y no del todo.

—¿Qué quieren? —respondió una voz masculina de mal talante.

—Queríamos saber si hay algo cerca donde sirvieran comidas —dijo Ignacio un poco sorprendido por el recibimiento.

Dentro, al instante, oyeron ruidos de sillas tiradas por el suelo. Sara, con su carácter impulsivo y acciones rápidas, dio un fuerte empujón al malencarado y flaco hombre de mediana edad que los que les había abierto la puerta. Este cayó hacia atrás y la puerta se abrió del todo. Lo que vieron los dejó paralizados. Sentados en un rincón, estaban dos niños de unos tres a cuatro años. Al otro lado de la habitación, una mujer joven tenía las manos atadas y un hombre fuerte le tenía tapada la boca impidiéndole chillar. Esta había tirado al suelo dos sillas cercanas y les estaba dando grandes patadas. Pasaron inmediatamente. El hombre soltó a la mujer, empujándola fuertemente contra la pared, no sin haberle dado un fuerte golpe en la cara. Esta empezó a llorar y gritar. Se dirigió corriendo a los niños y los abrazó fuertemente. El que había tenido sujeta a la mujer cogió una pistola y los apuntó.

—Sí quieren salir vivos de aquí, extense quietos y siéntense en un rincón. —Su voz era desagradable.

—Vaya, ahora, ¿qué hacemos? —dijo Juan al hombre delgado que les había abierto la puerta.

—Lo primero, estar serenos y esperar a que venga Pedro —dijo el hombre de la pistola. Sus brazos y pecho estaban cubiertos por completo con raros tatuajes—. Ya estará al llegar.

—¿Quiénes son ustedes? —le preguntó Ignacio al hombre delgado.

—No contestes nada, Juan —dijo el otro.

La mujer a gritos le contestó:

—Que eran asesinos.

Juan, el que les abrió la puerta, intentó cogerla, pero esta, delgada y menuda, se le escapó y fue corriendo de un lado a otro por la habitación para no ser alcanzada. Le dio tiempo a decir:

—Son traficantes de droga y han quedado aquí con mi marido para matarlo, y también lo harán con todos nosotros.

—¡Cállate ya, mujer! O no esperaremos a Pedro, acabaremos con todos vosotros antes —dijo apuntándolos con la pistola el hombre de los tatuajes.

—¡No, Silver! ¡No lo harás! O Pedro no te dirá dónde están escondidas las drogas. Lo matarás, pero no te lo dirá. Él hizo un trato; a mí y a mis hijos nos dejaréis libres —contestó María con voz fuerte y segura.

Silver le dio en la cabeza con la culata de la pistola y esta se quejó del dolor. Ignacio y yo nos miramos. Teníamos un gran susto.

—Siento que nuestro encuentro termine así —dijo Ignacio.

—Yo también, había imaginado un bonito futuro juntos —dijo Sara con ternura.

—¡Callaos ya! —dijo apuntándolos con la pistola el hombre de los tatuajes—. ¿No crees que Pedro está tardando demasiado? —le dijo a su compañero; este se encogió de hombros.

Habían transcurrido treinta horribles minutos.

Todos los rehenes estábamos aterrados. Incluso los niños parecían comprender lo que pasaba. A los pocos segundos, se oyó tocar la puerta. Se hizo el silencio.

—¿Quién es? —preguntó Silver, pistola en mano.

—Soy Pedro, vengo a deciros dónde están las drogas, y dejaréis a mi mujer y a mis hijos libres —dijo con voz autoritaria.

Este abrió la puerta bajando la pistola.

De repente, a un lado, bien pegados a la pared para no ser vistos, aparecieron dos hombres con aspecto de matones, con cuerpos extraordinariamente fuertes.

Empujaron la puerta con gran fuerza y entraron en la estancia con pistolas. La que portaba Silver cayó. Uno de los matones le propinó una gran paliza. Juan intentó coger un revólver que estaba en una mesa cercana. No le dio tiempo. El otro matón le disparó un tiro entre ceja y ceja.

Pedro entró en la sala y abrazó a su mujer y a sus hijos.

—¿¡Creíais que no sabía que ninguno saldría vivo de aquí!? ¡Átalo! —le dijo a uno de los matones—. Fuerte, para que no pueda moverse. Vosotros, salid e idos de aquí inmediatamente. ¡Desapareced! La policía vendrá en unos minutos.

Los dos salieron corriendo y se fueron en el coche en el que supuestamente había llegado Pedro.

—Sí, María —le dijo este a su mujer, abrazándola—. Me he entregado, prefiero pasar unos años en la cárcel a que a vosotros os maten algún día.

Sara e Ignacio, pasados algunos momentos, abrazados muy juntos, no paraban de darse besos.

Casi al instante, dos coches patrulla de policías antidrogas entraron. Separaron a Pedro de su mujer y lo esposaron, al igual que hicieron con el otro delincuente.

—Dé gracias a Dios a que solo tenía estos dos socios en su trapicheo de drogas y que el negocio era de poca monta. Si hubiera implicado a otra gente más importante de este negocio, tarde o temprano, todos hubieran terminado muertos aunque se hubiese entregado.

A todos se los llevaron en los dos coches patrullas a la comisaría y una vez allí a la mujer y a los niños los dejaron libres, al igual que a Sara e Ignacio.

Los dos deambularon por las calles del pueblo hasta llegar a un pequeño, bonito y tranquilo jardín. Allí se sentaron en uno de sus bancos y, aún pálidos, se dieron un fuerte beso. Se juraron amor eterno.

Durante el tiempo que pasaron juntos en la pequeña cabaña, los dos supieron que estaban enamorados y ya no podrían vivir separados.

Habían decidido unir su futuro para siempre.

La historia del reino tenebroso

El rey Sotomar, soberano del reino de Brakkan, gobernaba con carácter tirano y soberbio; de él decían que, desde muy joven, se unió con las fuerzas maléficas. Era un pérfido tirano con sus súbditos. Dominaba a estos bajo el mandato del terror. Todos lo temían por las historias que corrían de boca en boca. Era capaz de convertir a un pobre leñador en un gato y a su mujer en una gigantesca perra, y así, llevados a palacio, los hacía correr sin parar. Ella, detrás de su marido, hasta que, con gran esfuerzo, cogía a este entre sus fuertes mandíbulas y lo zarandeaba en el aire hasta hacerlo caer al suelo, dejándolo con serias heridas. Ya nunca más volverían a ser humanos. De esta forma aterradora habían transcurrido ya 10 años de su reinado. Un día, una bella doncella llamada Juana tuvo la mala suerte de cruzarse en el camino del cruel rey Sotomar. Este la deseó al instante. La llevó al palacio y quiso seducirla con joyas, preciosos vestidos y toda clase de cosas, las más preciadas de su reino. Ella le negaba su cuerpo una y otra vez. Hasta que le dijo:

—¡Tengo prometido! ¡Y nunca me tendréis!

De la boca del rey salieron numerosas amenazas llenas de maldad. En su enfado mandó a todos los ministros a recaudar más impuestos a sus súbditos, mandando matar a todos los que no los entregaran.

Un día, harto de las negativas de la doncella, mandó salir a sus guerreros en busca de su rival. Durante tres largos meses estos se adentraron en las Tierras del Hielo, en los frondosos bosques habitados por los valientes Elanos y muchos más reinos habitados por extraños seres. Un poco más al norte, llegaron a otro donde sus habitantes gozaban de riquezas y paz. En este encontraron a Tovar, el prometido de Juana; apresándolo, lo llevaron de vuelta al Reino Tenebroso.

Cuando estuvo en presencia del rey, este apremió:

—¡Traedme a la doncella Juana! ¡Ahí tienes a tu amor! Si no renuncias a él, lo convertiré en un hongo y será mi cena de esta noche.

Esta lo miró llena de miedo.

—¡No, por favor! Haré lo que me pidáis.

—¡¡No!! ¡Escúchame, Juana! Yo te querré siempre. Te esperaré en la tierra de los Lumáis. Seremos felices toda la eternidad —le dijo este con firmeza.

Lleno de cólera, el rey, echando toda clase de amenazas por su boca, pronunció unas mágicas palabras y su marido quedó convertido en un hongo. Esa noche se preparó el gran salón de las celebraciones especiales y se sirvieron exquisitas viandas. Juana estaba como adormecida. No podía creer que su marido iba a ser ingerido por aquel malvado rey.

—¿Me disculpáis? Necesito ausentarme —dijo la doncella con un suspiro de voz.

Esta salió de la estancia y se dirigió a sus aposentos. Al doblar la escalera que subía hacia ellos, una señora con cara bondadosa y un gran gorro a modo de caparazón negro, dirigiéndose a ella, le dijo:

—Bella doncella, no te asustes. Vengo a decirte que, llegado el momento en que se preparen para guisar a tu prometido como plato para el rey, échale estas sales por encima.

Sin más, la dama desapareció, rauda, por las empinadas escaleras.

Cuando Juana llegó al salón, ya estaban echándole aceite al hongo.

—Por favor, dejadme que yo le eche esta sal por encima, os estará más sabroso —dijo ella suplicándole al rey.

Al instante de hacerlo, salió un humo negro del hongo que llegó hasta el techo. De él salió un hombre cubierto con una armadura dorada y una gran espada en la mano. De un salto llegó hasta el rey y, de un tajo, le cortó la cabeza. Quitándose la coraza, Juana pudo ver a su prometido. Corrieron uno al lado del otro uniéndose en un largo abrazo. El Reino Tenebroso de Brakkan terminó así sus días de terror.

La tormenta

Elia terminó de preparar el equipaje. Ella y Fran irían en coche hasta Granada. Una vez allí, ya instalados en el pequeño albergue que habían reservado al sur de la Sierra Nevada, se dirigirían a la costa tropical de Alcazaba. Desde allí recorrerían la Alpujarra, con bellos y coquetos pueblos; recorridos estos y admiradas sus callejuelas y sus interesantes rincones durante tres días, se trasladarían al valle de la Poqueira, donde estuvieron asentados los últimos moriscos al frente de Boabdil.

Los paisajes eran espectaculares. Bien equipados recorrieron 10 kilómetros, parándose de vez en cuando para admirarlos. Se tumbaron a descansar mirando el cielo y la espectacular naturaleza. Eran verdaderamente felices viendo a lo lejos sus pueblecitos. Una vez descansados y totalmente enamorados del paisaje, cruzaron el puente Chiscar para volver por el otro margen del río Poqueira y ver así desde el valle sus impresionantes barrancos y sus pueblos encaramados.

De repente, el cielo se volvió gris negruzco y, sin darse cuenta, empezaron a caer sobre ellos gruesas gotas de agua. Miraron a su alrededor, no había ningún sitio donde guarnecerse.

Estaban empapados, corrieron deprisa un corto camino. De repente, vieron unos matorrales que parecían tapar un hueco en la pared de tierra cerca de ellos. Se afanaron en retirarlos y estos dejaron al descubierto la entrada de una pequeña cueva; sin pensarlo, se adentraron en ella, todo estaba oscuro. De repente, oyeron un sonido ronco como un aullido. Un hombre esquelético vestido con harapos y largas barbas los atacó con un cuchillo. Intentaron salir corriendo, pero el miedo los paralizó. El hombrecillo los atacó, pero estaba tan débil que no llegó a clavar su daga en ninguno de sus cuerpos. Fran reaccionó y le hizo frente, los dos forcejearon. Después de unos instantes que parecieron eternos, el habitante de la cueva cogió por el cuello a Elia y le acercó el arma al cuello. Fueron momentos decisivos y eternos. Oyeron unos ladridos al fondo de la cueva: un gran perro lobo entró por un pequeño agujero que daba al exterior y se abalanzó sobre el brazo del atacante. Lo agarró fuerte y sin dejar de morder de manera voraz logró que la soltara; este emitió unos alaridos estremecedores y salió sangrando de la cueva. El gran animal lo persiguió hasta que ambos desaparecieron.

Una vez pasado lo ocurrido, llenos aún de gran miedo, lograron ver pequeños trozos de finos ramajes y troncos; estaban casi escondidos en un recodo de esta. Sin lugar a dudas, habría servido de refugio a su atacante.

—¿Llevas fósforo, Fran? —preguntó Elia con una voz de nervios y esperanza.

—Sí, los eché antes de salir por si los necesitábamos —contestó con alegría Fran.

Los arrimaron y poco a poco lograron hacer una pequeña hoguera. Se miraron, estaban llenos de arañazos.

Fuera, la lluvia cada vez sonaba más fuerte. Sonoros truenos se oían no muy lejanos. Elia, asustada, se abrazó fuertemente a Fran y los dos experimentaron un gran placer al tener sus cuerpos juntos. Varios rayos se vieron cruzar el firmamento e inundaron de claridad la cueva. Los dos se miraron y vieron en sus caras el miedo, pero también notaron el amor con que se miraban. Los truenos se oían cada vez más lejos, ellos seguían abrazados. ¿Cuánto tiempo pasaron así? Nunca lo supieron.

Cuando la tormenta había amainado ya, Fran metió la mano en su bolsillo y sacó un anillo.

—Elia, lo había guardado para dártelo en plena naturaleza, con el cielo por testigo. Quería preguntarte si querrías ser mi mujer, pero ahora no se me ocurre mejor momento para pedírtelo —dijo Fran con ternura.

—Fran, nunca podré olvidar este instante. Ya sabes la respuesta: sí, quiero —contestó Elia.

Y los dos se dieron un gran beso. Al poco tiempo, la lluvia cesó y salieron al exterior. Se encaminaron unidos hasta llegar a un pueblo precioso.

Habían transcurrido desde el senderismo del Valle de la Poqueira casi cuatro horas. Estaban felices, el tiempo se les había hecho largo y a la vez corto. En él, se enteraron de que un demente se había escapado hacía meses de un manicomio cercano con un cuchillo y merodeaba por esos paisajes. La Guardia Civil hacía tiempo que lo buscaba…

Nono

Nono y yo éramos novios desde muy jóvenes. Antes de terminar el bachillerato, ya empezamos a tontear y hacernos arrumacos. Los dos éramos felices en Béjar, que es el pueblo más bonito de la Sierra de Salamanca. Nuestra infancia estuvo llena de largos paseos haciendo senderismo. En esas rutas precisamente comenzamos nuestra entrañable amistad y, con ella, el primer amor. Éramos inseparables. Pasábamos casi todo el día juntos, nos sentíamos tan felices…

Terminados los estudios de bachillerato, empezamos a pensar en nuestro futuro juntos. Yo quería ser médico y él ingeniero. Formaríamos una familia. Yo quería tener tres hijos y que uno de ellos fuera una niña; se llamaría como yo, Mati. Él solo dos y que los dos fueran chicos. Compraríamos una casa que tuviera jardín y nuestros días pasarían felices formando una vida juntos, igual a la de nuestros padres, con mucho amor entre nosotros, contando con que discutiríamos, por supuesto, cuando tuviéramos distintos pareceres; pero luego vendría lo mejor: la reconciliación, los besos y la pasión.

Cuando terminamos nuestros estudios en Béjar y debíamos trasladarnos a una ciudad para estudiar las carreras universitarias que habíamos escogido, nuestros padres decidieron que yo iría a Madrid con una tía. El padre de Nono iría a Valencia a ocupar un puesto de trabajo de su empresa en Béjar.

El verano aquel antes de marcharnos a nuestros destinos fue algo que ninguno de los dos olvidaríamos.

Al principio de nuestra separación, las cartas eran casi diarias, llenas de deseos carnales y añoranza de nuestro amor. Poco antes de terminar el primer año, justo en los exámenes finales, un día no recibí ninguna, ni otro…, ni otro… Mi tristeza fue tan grande…; pero pensé: «Estará concentrado en sus estudios». Yo le seguí escribiendo y nunca recibí contestación. Esto afectó en algo a los resultados finales de mi primer año de carrera.

Volví a Béjar con mis padres. Pensé: «Él vendrá a casa de su tío para estar conmigo». Esperé sus cartas, su visita, pero ninguna cosa llegaba. Me harté de preguntarle a Jerónimo, el hermano de su madre. Siempre la misma respuesta: «Están bien. No, no ha sacado su curso con buenas notas»; «Por ahora no vienen»; «Están muy atareados»; «No vendrán por el momento».

Pasaron los días y los dos meses de verano. Yo dejé de escribirle cartas, estaba tan triste… Llegó el momento en que tuve que volver a Madrid y reanudar mis estudios. Solo había tristeza en mi corazón.

Pasaron dos años. Ya estaba en tercero de carrera y nunca, ni en Béjar ni por ningún medio de comunicación, supe más de Nono.

En una fiesta de fin de curso intimé con un compañero, Vicente. Quedamos en que no nos iríamos cada uno a nuestro destino; nos quedaríamos en Madrid para conocernos mejor. Era guapo, simpático, cariñoso. Él estaba enamorado locamente de mí, pero sus besos, sus caricias íntimas no las gozaba con aquel loco amor que sentía y siempre sentiría por Nono.

Pasaron dos años más.

Aunque había llegado a querer a Vicente, en mi corazón siempre había un halo de infelicidad, algo me faltaba para ser completamente feliz. Su recuerdo, el recuerdo de Nono. A veces, a solas, en mi habitación echaba de menos nuestro amor y nuestros planes de ser tremendamente dichosos.

Con el tiempo, la boda con Vicente no podía esperar más. Los dos habíamos acabado nuestros estudios y trabajábamos en una clínica de Madrid como médicos internistas. El primer año de casados sentí pena de Vicente, no podía hacerlo lo feliz que él se merecía, aunque lo quería.

Unas Navidades decidimos irnos a Valencia a un hotel a pasar unos días con unos amigos. Estaba frente a un escaparate, miraba un precioso vestido de novia, el que yo querría haber llevado con Nono al altar. Hacía mucho frío, yo estaba esperando a Vicente. Lo llamé por teléfono y le dije que lo esperaba dentro de la cafetería Café Lloret, situada en la calle donde habíamos quedado. Entré en ella, había un ambiente agradable, era un lugar muy acogedor, con música en directo. Me quité el abrigo y los guantes, lo hice muy despacio porque en un rincón vi un bonito piano y sentado cara al público, tocando una melodía romántica, allí…, allí… estaba Nono, con los ojos cerrados. Despacio, muy despacio, me acerqué a él; me quedé mirándolo. Este los abrió, pero ni siquiera me miró; estaba ciego… Me acerqué a él y le puse la mano encima de la suya, que seguía tocando aquella melodía. Le susurré:

—Nono, Nono, soy Mati. Contesta, Nono.

Él dejó de tocar y de sus ojos brotaron dos lágrimas.

—¿Por qué has tenido que pasar? ¿Por qué has entrado en esta cafetería? —dijo con tristeza.

Se levantó, cogió un bastón que tenía a su lado y, cogiéndome el brazo, nos sentamos en una mesa cercana. A los diez minutos ya sabía por qué no había vuelto a escribirme ni había querido verme nunca. Una caída por unas escaleras le había dejado casi ciego. Sabía que a mí no me importaría y hubiera unido mi vida a la suya, pero él no quiso atarme de por vida a un ser medio inútil.

Nos abrazamos y nos besamos. Nos contamos en pocas palabras lo que había sido nuestro destino separados. Él aprendió a tocar el piano, se le daba muy bien, y encontró trabajo en esa cafetería. Yo le dije que ejercía de médico en Madrid. Los dos comprendimos lo fuerte que era nuestro amor. Este nunca murió. Vi entrar a Vicente y le dije:

—Nono, ahora vuelvo, no vayas a tocar el piano hasta que regrese.

Fui hacia mi marido y solo le dije:

—Ha pasado algo en mi vida, lo siento, cariño. Vete al hotel, por favor. Por la noche, al llegar, tendré una charla contigo.

A las doce, después de dejar a Nono en casa de sus padres, regresé al hotel.

Allí tuve una larga charla con Vicente. Le conté mi vida antes de conocerlo y el amor tan intenso que sentía por un hombre ciego. Llorando le confesé que estaba dispuesta a todo por él. Había sido y era el amor de mi vida. Le costó mucho comprenderme, pero, al final, supo que lo dejaría y me marcharía con él. Me dio un fuerte beso y con mucha tristeza me dejó marchar.

—Volveremos a vernos en Madrid para arreglar lo de nuestra separación —dijo el cariñosamente.

Él supo que nunca nos volveríamos a ver. «Estas separaciones hoy día se hacen mediante abogados», pensó mi marido.

Han pasado tres años. Nono y yo tenemos lo que siempre planeamos. Yo salí ganando, tuvimos dos hijos y una hija. Somos muy felices y nuestro amor siempre está con nosotros.

Él sigue tocando el piano y yo encontré trabajo en otra clínica en Valencia. Nuestro casual encuentro mereció la pena.

Recorriendo el camino

Carlos salió de su casa y empezó a caminar. Había 6 kilómetros desde ella al puesto de la Guardia Civil del pueblo. Al salir, el sol le quemó la vista. Hacía un calor sofocante. Vio con dificultad la siembra de trigo, ya estaba muy alta. Dentro de poco empezaría la siega.

El camino a seguir era estrecho y de tierra. Miró el reloj, no lo veía bien, pero pensó que serían alrededor de las 12. Se subió las mangas de la camisa y se desabrochó los dos primeros botones. Comenzó a andar. Sus manos se deslizaron por su rostro, apretándolo. Se vio curvado, con miedo y abatido, pero se enderezó rápidamente y emprendió a paso ligero el sendero que serpenteaba en medio de las espigas.

Iba pensando: «¿Cómo es posible que haya llegado a esto?».

Después de una tremenda discusión con su mujer, había perdido la cabeza: la agarró por el cuello y la tiró hacia atrás de un bofetón. Ella se golpeó con la piedra que delimitaba la chimenea. Un hilo de sangre salió por la comisura de su boca. Cayó como un fardo al suelo. Era la primera vez que él le ponía la mano encima; ahora la había matado, estaba seguro. Comenzó a sollozar sin un pensamiento claro. Se dispuso a ir a pedir ayuda. Le cogió la mano y le tomó el pulso. ¡No tenía pulso! ¡No tenía! Su cabeza, desde este momento, solo abrigó una idea: ir a entregarse por el crimen cometido.

Aligeró un poco. Se dio cuenta de que yendo tan rápido, con ese calor, nunca llegaría a su destino. Volvió a recordar a su mujer. Hacía seis años que se habían casado. Siempre se llevaron bien. Pero luego apareció la herencia de su madre. Su hermana estaba soltera y reclamaba la mayor parte; esto a Isabel la irritaba, no estaba dispuesta a darle lo que era de su marido.

Luchaba contra ella para que repartieran a partes iguales. Pero él decía que su hermana, al estar sola, necesitaba pagar mano de obra para sacar adelante los pocos bienes dejados: tierras de labranza y varios huertos. Con lo que le tocara a ella más con lo que él le cediera, tendría lo suficiente para vivir. Aquel día habían discutido como siempre por ello. Su mujer le dijo unas cuantas palabras muy subidas de tono llamándole *calzonazos* y él perdió los estribos; no sabía cómo, pero lo que no había hecho nunca lo hizo en un instante. De repente, Carlos sintió un dolor en las plantas de los pies. Había destrozado las zapatillas —no eran buenas—, no le durarían todo el camino. Miró su reloj, no podía ver bien la hora. ¡Las dos treinta! El camino se le había hecho corto, solo le quedaban unos minutos para llegar al puesto de la Benemérita. Se detuvo un instante, no sabía cuánto le quedaría aún, y volvió a pensar. Recordó lo felices que habían transcurrido los años vividos en la humilde casa de labranza. Fijó la vista y distinguió el cuartelillo, aligeró todo lo que pudo y dos guardias civiles que iban en un coche de la Benemérita se bajaron y le salieron al paso.

Debido a su estado, lo sostuvieron cogiéndolo por los brazos y lo llevaron a un vehículo. Él murmuró:

—He matado a mi mujer… —No le dio tiempo a terminar la frase. Se derrumbó.

—Bueno, ahora, lo que hay que hacer con este asesino cuando nos cuente su historia es llevarlo al médico, seguro que está deshidratado y le tendrá que curar esos pies.

—Sí —dijo uno de los guardias, llevándoselo al cuartelillo de malas maneras.

A Carlos lo único que se le venía a la mente era su mujer tirada en el suelo. ¡Muerta!

—Ya queda poco para estar juntos, amor mío. En esta vida solo espero ya dos cosas: el garrote y estar contigo allá donde nos encontremos —dijo susurrando, y comenzó a sollozar amargamente.

Soledad en la nieve

Juan y María estaban pasando unos días en su refugio de la sierra de Urbasa, en Navarra, en una cabaña de troncos de madera colocada contra los árboles; esas construcciones eran típicas de esos lugares. Por dentro era muy espaciosa, acogedora, cómoda y con un toque de lujo.

Después de cenar, María se empezó a sentir muy mal. Hacía días que tenía una persistente tos y le pidió a su marido que la llevara al pueblo para que la viera un médico, pero esta, aunque lo intentó, no podía caminar y Juan no tenía fuerzas para llevarla hasta el vehículo. La alta fiebre que tenía hizo que inmediatamente Carlos se encaminara al pueblo más cercano: Armes, a unos 10 kilómetros de su cabaña.

Cuando solo había recorrido 3 km, el motor del coche se paró. Lo trató de arrancar varias veces, pero este no se puso en marcha. Salió al exterior y un estremecimiento le recorrió el cuerpo; se sintió aterrado, no veía nada más que nieve a su alrededor. Era un paraje totalmente desolador, solo había árboles que se le antojaban extrañas figuras, cuyas ramas parecían caerse por el peso de la nieve encima de las mismas. Había luna llena y dio gracias a Dios de que esta le dejara ver a su alrededor. Pensó: «Solo tendré que correr 7 kilómetros para llegar al pueblo, voy bien equipado contra el frío, seguro que lo conseguiré». De repente, el aullido de una manada de lobos se oyó en la lejanía. Se quedó petrificado. A los pocos instantes, estos se oían cada vez más cercanos, y esto le aterrorizó. Sintió miedo y también desesperanza.

¿Qué sería de su mujer si a él le sucediera algo? Pero enseguida se sobrepuso y tuvo un halo de esperanza.

Comenzó a andar. Pensó: «Quizás con suerte y un gran esfuerzo podría llegar al pueblo».

Volvió a oír a los lobos más cerca, pronto estarían junto él y el alma se le congeló. ¡Había tanto silencio! ¡Tanta soledad!

Solo tenía un pensamiento: tenía que ser fuerte y sobreponerse a esa atmósfera que le rodeaba. Esta le producía miedo e incertidumbre.

Recorrió 3 kilómetros sintiendo las mismas sensaciones. Los lobos cada vez se acercaban más, hasta que estuvieron junto a él. De repente, el que le parecía el jefe de la manada se abalanzó y, dando un gran salto sobre Juan, con su enorme boca le dio un gran bocado en el brazo. Al momento, otro se lanzó hacia él y le mordió la pierna. Este se defendía con los brazos y a patadas. Pensó que había llegado su fin. Los demás lobos estaban un poco apartados, expectantes, y no dejaban de aullar de manera escalofriante. De repente, le pareció distinguir que dos puntos de luz se iban acercando cada vez más a él, su corazón le dio un vuelco. Vio un coche que iba rápido hacia la escena y una gran alegría le inundó.

Una vez que se hubo parado, el conductor, al ver lo que estaba sucediendo, cogió un rifle que llevaba dentro del coche. Con la culata de este y varios tiros que dio al aire, ahuyentó a los malditos lobos. Juan llevaba ropa de abrigo que no era fácil de traspasar por las dentelladas de los animales. Una vez que estos huyeron, el desconocido ayudó a levantarse a Juan, que estaba maltrecho. Extrañado le preguntó:

—¿Qué hace por estos parajes un hombre tan solo? —le dijo con extrañeza.

Juan le contó su aventura:

—Mi mujer se ha puesto enferma y yo iba a Améscoas a por un médico, ella no puede caminar. El coche se ha estropeado a unos kilómetros de aquí —le contestó aterido de frío.

—Pues ha tenido suerte de que yo viniera por aquí, no es fácil que pase alguien a estas horas de la noche. ¿Cómo se encuentra? ¿Está herido? —le dijo amablemente.

—No, todo ha quedado en un buen susto. Lo que me preocupaba es mi mujer.

—Le llevaré a su vivienda y entre los dos la trasladaremos al pueblo.

Juan le sonrió dándole las gracias. Se acababan de disipar sus miedos, su sensación de soledad… e impotencia.

Al llegar a la cabaña, comprobó que a su mujer le había subido la fiebre aún más. Juan estaba muy preocupado. Cogieron entre los dos a esta por los brazos y como pudieron la subieron al coche.

Al llegar a la clínica, a ella le diagnosticaron una pulmonía.

—Está muy grave, habrá que llevarla a la UCI —le dijo el médico preocupado.

Habían transcurrido 3 días cuando María empezó a mejorar lentamente.

Pasadas tres semanas, ya había pasado el peligro y Juan recobró sus esperanzas.

Este recordaría siempre las sensaciones tenidas aquel día en la carretera: el ataque y los aullidos de los lobos; la nieve, que lo rodeaba, y la terrible soledad en la que se encontró.

Tu abandono

No te enfades. No me digas nada. Espera a que me desahogue. No son reproches, solo quiero expresarte mi sufrimiento.

¡Calla! ¡Sella tu boca!

¡No quiero excusas!

¡Por favor, ahora no me hables! No comprendes que he sufrido tu ausencia durante dos años. ¡¡Dos largos años!! ¡Si tú supieras la soledad que ha envuelto mi vida!

Ya sé; no me expliques: no ha habido otra, pero es igual, yo todo este tiempo he estado sin tu ayuda y sin tu cariño. ¡¡Te repito!! ¡¡No te excuses!! ¡No serviría de nada! ¡¿Por qué me abandonaste?! ¿No te acuerdas de los diez años que fuimos tan felices?

¿Recuerdas cuando tuve a Marta? ¡Cómo te alegraste! ¡Cómo me querías! ¿Y la rosa? ¿La rosa roja que me regalaste? Aún la conservo, seca, entre dos hojas, en el libro que por la noche leíamos juntos.

Por favor, te repito, no te excuses; ahora no podría perdonarte. Mi alma se ha quedado tan vacía en estos dos últimos años.

¿Recuerdas cuando nos compramos nuestra primera casa? Como nos peleábamos por poner los muebles aquí o allá. No, no bajes la mirada. Lo pasábamos tan bien entre risas y peleas.

Notarás que he envejecido. Los surcos de las arrugas han aparecido en mi cara. No, no me digas que aún me encuentras hermosa; no podría creerte. He cambiado tanto. Al principio me cuidaba para ti, para cuando, al final, vinieras a mí y, como los dos enamorados que éramos, nos uniéramos nuevamente con un largo abrazo; pero, al fin, desistí. Me empecé a descuidar y aquí me tienes, casi vieja, siendo aún joven. Qué importa, dos años son mucho tiempo para mantener una ilusión que crees perdida. ¡Te repito! Que no te oiga decir que aún me encuentras atractiva.

¿Recuerdas cuando encontré mi primer empleo? ¡Cómo te enfadaste! Tenaz, no dejé que me convencieras. Marta estaría bien cuidada con mi madre. A ella le encantaba ejercer de abuela y aquel sueldo nos venía también para la hipoteca. ¡Menos mal que no te hice caso! Si no, ¡¿qué hubiera hecho cuando me abandonaste?!

No, si no estoy enfadada, solo dolida. ¡Podríamos haber llenado nuestras vidas y nuestras noches con tantos recuerdos! Sí, ya sé que guardas unos muy especiales: nuestros aniversarios, nuestros paseos por el campo allí en Cantabria, la primera comunión de Marta… Sí, sí, no me lo digas, sé que los guardas con gran cariño. Pero ¿y en estos dos años? ¡¿Tienes alguno?! ¿Lo ves? No hace falta que me lo digas. ¡Ninguno!

No me lo preguntes. ¡Sí! Te digo que te sigo queriendo. Puedes volver a casa ahora mismo si tú quieres. ¡¡Que no puedes!! ¡¡Por favor, no me desesperes!! ¡¡Yo te necesito!!

¡¡Marta te necesita!! ¡No lo comprendes!

En fin, no te preocupes, ya me calmo, sé que en el fondo tú querrías volver. No hace falta que me lo digas.

La niña y yo estamos bien. Nos vamos arreglando; luego te enseñaré las fotos que le hice en su último cumpleaños; estaba preciosa.

La casa de la playa la he vendido; como tú no me envías dinero, no he podido mantenerla. Sí, ya sé que es una pena. Tenía unas vistas preciosas, era cómoda y nada calurosa, pero no importa; ahora vamos a la sierra, a casa de mis padres. Allí lo pasamos bien. Marta tiene muchos amiguitos, y yo, pues… Se pasan los días muy rápidos entre las tareas de la casa y sentada en la terraza esperando el momento en el que vuelvas. Sí, ya sé que ahora no puede ser… Quizás más adelante.

Yo sigo con el mismo empleo y estoy contenta. Cada vez tenemos más clientes en el despacho. El año que viene me harán socia; dejaré de ser una empleada; entonces podremos vivir más desahogadas. Quizás para entonces ya estemos juntos. Ya sé que no puedes prometer nada. Te respeto.

Marta y yo tenemos que irnos; va a empezar a anochecer. Un beso, cariño, nos despedimos con un beso; sin decirnos nada, ni una palabra. Yo te he perdonado aunque no vuelvas, aunque no nos veamos más.

Mira, ahí llega nuestra hija.

—¿Qué es eso que escondes, Marta? ¡Enséñamelo!

—Mira, mamá, son margaritas, las flores que papá siempre te regalaba. Las recogí cuando llegamos, estaban al pie de su lápida. Dos grandes y bonitas margaritas. Tómalas, son para ti.

Ahora sé que sí nos volveremos a ver, cariño. Perdona por ser tan dura contigo en estos dos años, pero me dejaste tan sola. Ahora sé que nos aguardas. ¡Qué más da el tiempo que tardemos en reunirnos! Al fin, estaremos juntos. Perdona por dudarlo.

Índice